Vorwort
und Nachwort
Prof. Joseph Needham,
Cambridge

Deutsch von
Lilith Tannenbaum

Liebe und Nahrung
sind für Leben und Gesundheit
gleich wichtig.
Ko Tzu

Jolan Chang

DAS TAO DER LIEBE

*Unterweisungen
in altchinesischer
Liebeskunst*

Die Originalausgabe erschien 1977
unter dem Titel
The Tao of Love and Sex
The Ancient Chinese Way to Ecstasy
im Verlag Wildwood House Ltd.,
London
Umschlag- und Einbandgestaltung
von Werner Rebhuhn
Der Schutzumschlag zeigt im Ausschnitt
eine chinesische Seidenmalerei
aus dem Besitz von
Karl Ludwig Leonhardt

1.–75. Tausend März 1978 bis April 1993
76.–79. Tausend September 1994
Copyright © 1978 by Rowohlt Verlag GmbH, Reinbek bei Hamburg
«The Tao of Love and Sex» Copyright © Jolan Chang, 1977
Alle deutschen Rechte vorbehalten
Filmsatz Reprosatz Georg Dürmeyer, Hamburg
Druck und Einband Clausen & Bosse, Leck
Printed in Germany
ISBN 3 498 00846 3

Inhalt

Vorwort

Nur wenige haben sich jemals mit der alten chinesischen Liebeskunst beschäftigt. Doch gerade dieses Thema ist verständlicherweise für jeden Menschen von größtem Interesse. Die chinesische Kultur, in der sich das Rationale mit dem Romantischen auf einzigartige Weise verbindet, hat hierzu Wichtiges zu sagen.

Neben dem bewunderswerten Henri Maspero war Robert van Gulik, der in diesem Buch zitiert wird und den ich während des Krieges 1942 kennengelernt habe, einer der größten Gelehrten auf diesem Gebiet. Er war Geschäftsträger der Niederlande in Chungking, wo ich damals an der Britischen Botschaft als wissenschaftlicher Berater tätig gewesen bin. Wenn ich mich recht erinnere, hielt ich später bei seiner Hochzeit mit Shui Ssu-Fang in unserem Wissenschaftlerkasino die Tischrede. Und später nach dem Krieg, als ich mich mit dem Taoismus und mit dem taoistischen Streben nach Lebensverlängerung und Unsterblichkeit befaßte, führten Robert van Gulik und ich über längere Zeit einen Briefwechsel, in dem ich ihn, glaube ich, davon überzeugen konnte, daß die von den taoistischen Weisen beschriebenen und verschriebenen sexuellen Techniken nichts Perverses oder Pathologisches an sich haben. Dies deckte sich mit Robert van Guliks eigener, aus seiner profunden Kenntnis der Literatur abgeleiteten Überzeugung, daß das chinesische Liebesleben jahrhundertelang erstaunlich gesund gewesen ist, frei von sadistischen oder masochistischen Zügen,[1] wiewohl unendlich verfeinert in immer neuen genußreichen Abwandlungen und gegenseitiger Hingabe. Das vorliegende Buch steht ganz im Geiste dieser Tradition.

Mein Exemplar des größten Sammelwerks der chinesischen Literatur über Fragen der Liebeskunst, des von Yeh Tê-Hui herausgegebenen *Shuang Mei Ching An Ts'ung Shu*, habe ich 1952 bei einer Buchhändlerin im Liu Li Ch'ang in Peking erstanden, woran ich mich noch heute gerne erinnere. Seit der Zeit habe ich mich wiederholt mit diesem Thema befaßt, da das wichtige *nei tan* oder «innere Elixier» der chinesischen Alchimie viel mit sexuellen Techniken zu tun hatte, die, wie man glaubte, das Leben verlängern und vielleicht sogar zur Unsterblichkeit des Körpers führen würden.

1972 trat dann unser in Stockholm ansässiger Freund Chang Chung-Lan (Jolan Chang) auf den Plan, dessen Buch über chinesische Liebes- und

Lebenskunst ich dem geneigten Leser hier empfehle. Mit erstaunlicher Kennerschaft und viel Feingefühl hat er die richtigen Worte gefunden, um den Menschen von heute – Männern wie Frauen – einen Begriff davon zu geben, wie die Weisheit der chinesischen Kultur auch in den intimsten Fragen der Liebe und der Sexualität zum Ausdruck kommt. Obwohl in diesem Buch hauptsächlich die «technische» Seite der Liebeskunst behandelt wird, darf man nie vergessen, daß diese stets vor dem Hintergrund einer umfassenderen Sapientia (Weisheitslehre) gesehen werden muß, auch wenn nach chinesischer Überzeugung himmlische und irdische Liebe nicht voneinander zu trennen sind, was im christlichen Abendland immer noch als moralisch bedenklich empfunden wird. Aber diese ganzheitliche Sicht der Chinesen, wie sie auch das vorliegende Buch prägt, ist gewiß etwas, das alle Menschen in allen Teilen der Welt brauchen.

Joseph Needham[2]

Einführung

In ihrem Bestseller *Angst vorm Fliegen* stellt die Feministin Erica Jong folgende Überlegung an: «Doch das große Problem dabei war, wie der Feminismus mit dem unstillbaren Hunger nach Männerkörpern zu vereinbaren ist. Das war nicht so einfach. Außerdem, je älter man wurde, desto deutlicher trat zutage, daß Männer eine tiefverwurzelte Angst vor Frauen haben. Die einen im geheimen, die anderen, ohne es zu verbergen. Was konnte bitterer sein als eine emanzipierte Frau Auge in Auge mit einem schlaffen Schwanz? Die schwerwiegendsten Probleme in der Geschichte der Menschheit verblaßten neben diesen zwei Kernpunkten: die ewige Frau und der ewig schlaffe Schwanz.»

Kurz darauf fährt sie fort: «*Das* ist die fundamentale Ungerechtigkeit, die nie aus der Welt geschafft werden kann: nicht, daß das Männchen eine einmalige zusätzliche Attraktion, genannt Penis, besitzt, sondern daß das Weibchen eine einmalige Allwettermöse ihr eigen nennt. Weder Sturm noch Hagel noch das Dunkel der Nacht können ihr etwas anhaben. Sie ist immer da, immer bereit. Ziemlich beängstigend, wenn man darüber nachdenkt. Kein Wunder, daß Männer die Frauen hassen. Kein Wunder, daß sie das Märchen von der weiblichen Unzulänglichkeit erfunden haben.»

Ich kann Erica Jong nur beipflichten, wenn sie sagt: «Die schwerwiegendsten Probleme in der Geschichte der Menschheit verblaßten neben diesen zwei Kernpunkten: die ewige Frau und der ewig schlaffe Schwanz.» Aber ich glaube, daß sie die Hoffnung zu früh aufgegeben hat, wenn sie behauptet, daß dies «nie aus der Welt geschafft werden kann». Die alten Taoisten fanden vor Tausenden von Jahren einen Weg, dem heutzutage viele Taoisten und einige glückliche Nichttaoisten auf der ganzen Welt folgen. Leider ist dieses Wissen jedoch nie weit verbreitet gewesen, und dem hofft dieses Buch abzuhelfen.

In dieser Einführung möchte ich auch auf zwei für mich persönlich wichtige Fragen eine Antwort zu geben versuchen. Als ich im vergangenen Winter den berühmten Schriftsteller Lawrence Durrell in seinem herrlichen Haus in Südfrankreich besuchte, drängte er mich eines Vormittags, ich solle ihm doch einmal erzählen, wie ich Taoist geworden bin und was mich dazu veranlaßt hat, dieses Buch zu schreiben.

Eine Mutter ist viel mehr für ihr Kind als nur die Spenderin des Lebens. Sie übt auf die Entwicklung des Kindes einen mächtigen Einfluß aus und wendet seine Zukunft zum Guten oder Bösen, zu einem Leben voller Freude oder zu einer grämlichen Plackerei ohne Ende.

In dieser Hinsicht hatte ich außerordentliches Glück. Meine Mutter war eine Frau mit sehr viel Verständnis, voller Lebenslust und Einfühlungskraft. Sie war, was mir erst viele Jahre später so recht klargeworden ist, ein Mensch, der so vollkommen natürlich nach dem Tao lebte, wie es mir sonst nie wieder begegnet ist.

Mit «natürlich» meine ich: Sie hat die Philosophie des Taoismus nie erwähnt und wahrscheinlich überhaupt nicht gekannt, und doch verlieh sie ihrer Umgebung eine Atmosphäre, die von einer taoistischen Grundhaltung durchdrungen war. In einer solchen Atmosphäre bin ich aufgewachsen und wurde also auch ein Taoist von Natur, nur daß ich mir im Alter von zwölf Jahren dessen bewußt wurde.

Der Taoist empfindet grenzenlose Liebe zum Universum und zu allem, was darin lebt. Alle Formen von Vergeudung und Zerstörung sind in seinen Augen etwas Schlimmes, das ein Taoist auf jeden Fall verhüten will. Unter diesen Voraussetzungen ist es verständlich, daß ich nach Möglichkeiten suchte, um die allgegenwärtige Gewalt und Zerstörungslust aufzuhalten. Ich fragte also nach den Gründen, warum so viele sehr erfolgreich erscheinende Menschen sich willentlich zugrunde richten. Warum begehen Tausende und aber Tausende Selbstmord? Warum zerstören sich unzählige Männer, Frauen, ja sogar Kinder durch Zigaretten, Drogen, Alkohol und ungesunde Ernährung und Lebensweise langsam selbst? Und warum müssen noch weit mehr Menschen alles und jedes so hassen, daß sie es zerstören wollen – und es sogar versuchen? Und warum ist denn die Geschichte der Menschheit eine Geschichte endloser Kriege? Aus Ehrgeiz? Aus Ruhmsucht? Oder nur aus maßloser Habgier? Oder aus dem schieren Willen zur Macht?

Seit meiner frühen Jugend habe ich mich mit diesen Fragen beschäftigt und nach Antworten gesucht. Ich bin viele Jahre in allen Teilen der Welt gereist, habe viele Menschen aus den verschiedensten Völkern und Kulturen kennengelernt und bin in die großen philosophischen Gedanken und religiösen Lehrgebäude der Welt eingedrungen. Dabei kam ich zu der Einsicht, die gemeinsame Wurzel all dieser Übel ist die Tatsache, daß es Männern

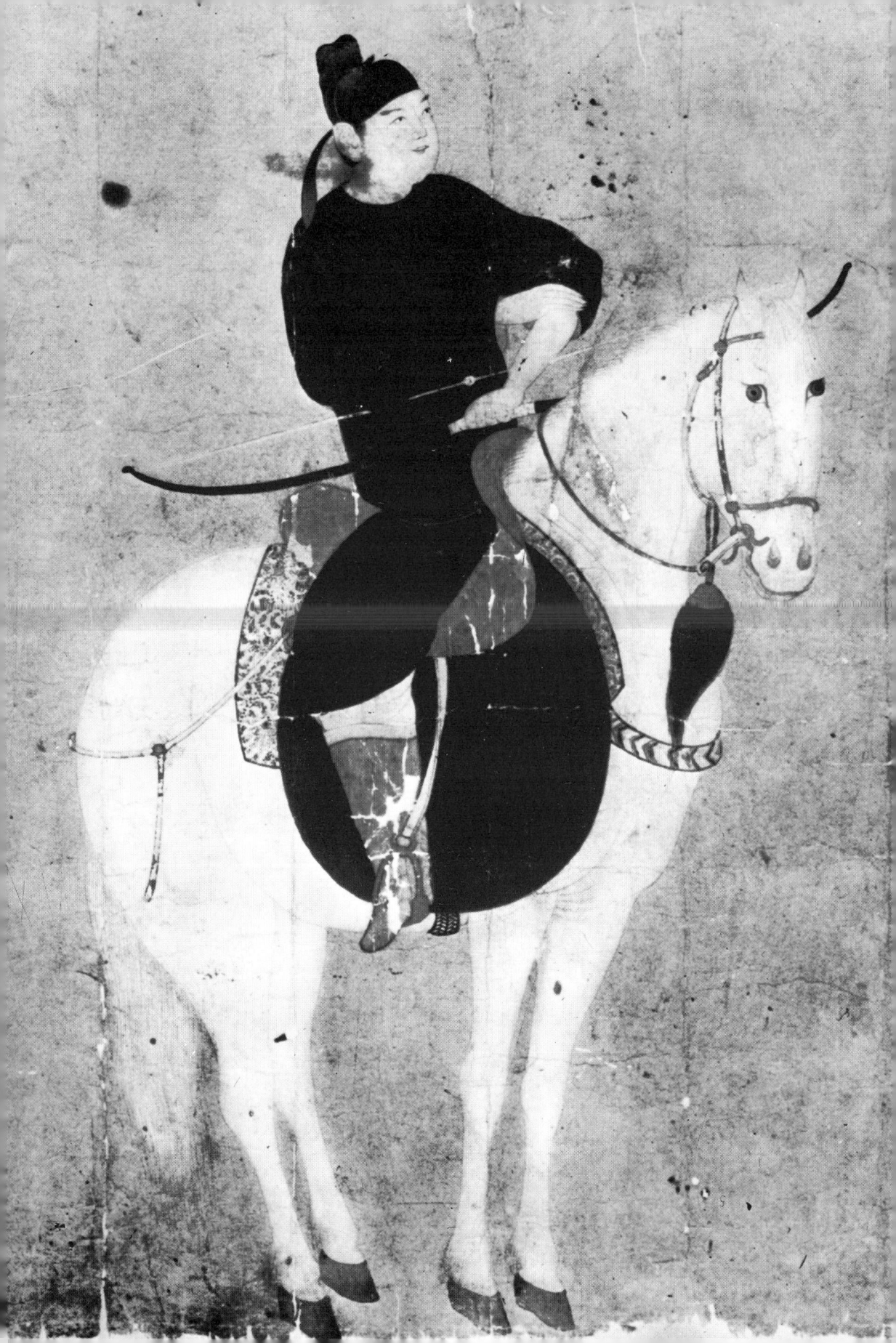

und Frauen nicht gelingt, ein harmonisches Gleichgewicht zwischen dem Yin und dem Yang herzustellen. Und mir wurde klar, daß der Taoismus für diese drängenden Probleme eine Lösung bereithält, die sowohl einfach als auch angenehm ist.

Warum ist das Tao ein einfacher Weg? Weil das Tao kein Zeremonienwesen, keine Dogmatik, keine Kirche kennt. Und weil es beim Tao nur auf das eine ankommt: daß wir uns aus allen Verkrampfungen lösen und einfach natürlich werden.

Und warum ist das Tao so angenehm? Weil es anders als der altchinesische Mohismus, der als asketische Strömung zum Umfeld des Konfuzianismus gehört, durchaus nicht verlangt, daß man auf alle irdischen oder himmlischen Freuden wie Musik oder Schönheit verzichtet. Anders auch als fast alle buddhistischen Schulen verlangt das Tao mitnichten, daß man allem Begehren entsagt und abtötet alles sinnliche Verlangen nach dem Schönen, das wir sehen, hören, riechen, schmecken, fühlen und in Liebe umarmen wollen. Im Gegenteil: der Taoismus lehrt uns, unseren Geschmack zu verfeinern, gesund zu leben und sinnliche wie geistige Freuden noch intensiver zu genießen. Für den Taoisten sind nämlich sinnliche und geistige Genüsse nicht voneinander zu trennen: Sie werden eins in der Ekstase, denn im Genießen der natürlichen und der geistigen Schönheit vereint sich der Taoist mit dem Universum – und für ihn ist das Universum Gott.

Im Laufe meines Lebens habe ich selbst die Einsicht gewonnen, daß die Tao-Lehre wahr ist: Ohne eine natürliche Einstellung zur Liebe und zur Sexualität kann es keine Lösung geben für die Leiden der Welt. Zerstörung und Selbstzerstörung, Haß und Kummer, Habsucht und Besitzgier haben fast immer eine einzige Ursache: den Hunger nach Liebe. Dabei quellen die Kräfte der Liebe aus einem unergründlichen Brunnen, der so unerschöpflich strömt wie das Universum selber. Und diesen Gedanken habe ich keineswegs als erster gedacht. Ich möchte nur wieder zum Leben erwecken, was die alten Weisen des Taos schon jahrtausendelang gewußt haben: daß ohne Harmonie zwischem dem Yin und dem Yang, dem Quellgrund von Leben und Freude, uns nichts bleibt als Tod und Verderben.

Stockholm 1976   JOLAN CHANG

Bei der Leitung der Menschen und
beim Dienst des Himmels
gibt es nichts Besseres als Beschränkung.
Denn nur durch Beschränkung
kann man frühzeitig die Dinge behandeln.
Durch frühzeitiges Behandeln der Dinge
sammelt man doppelt die Kräfte des Lebens.
Durch diese verdoppelten Kräfte des Lebens
ist man jeder Lage gewachsen.
Ist man jeder Lage gewachsen,
so kennt niemand unsere Grenzen.[1]

1
DAS
TAO DER
LIEBE

Vor zweitausend Jahren, womöglich aber noch früher, schrieben die taoistischen Ärzte Chinas freimütige, ausführliche Bücher über Liebe und Sexualität. Sie waren weder lüstern noch befangen, weil sie den Liebesakt als notwendig ansahen für die körperliche und geistige Gesundheit und das Wohlbefinden von Männern und Frauen. Entsprechend dieser Lebensanschauung maßen sie der Liebeskunst große Bedeutung bei. Es wurde alles getan, um die sexuellen Fähigkeiten des Mannes zu fördern. Um die verschiedenen sexuellen Techniken zu erläutern, entstanden literarische und künstlerische Werke. Ein Ehemann, der zu häufigem und langem Geschlechtsverkehr in der Lage war, galt mehr als einer, der lediglich jung und hübsch war. Die taoistischen Ärzte betrachteten den Liebesakt als einen Bestandteil der natürlichen Ordnung der Dinge. Sex war nicht nur da, um ihn zu genießen und auszukosten, sondern galt auch als gesundheitsfördernd und lebensbewahrend. Damit niemand aus der Übung kam, wurden mehrere verschiedene Methoden erläutert, und man bediente sich erotischer Bilder, sowohl um von ihnen zu lernen, als auch um sich anregen zu lassen. In ihrem Buch über erotische Kunst zitieren Phyllis und Eberhard Kronhausen ein etwa 100 n. Chr. von Chang Hêng geschriebenes Gedicht, das schildert, wie eine Braut einen erotischen Ratgeber benutzt, um ihre Hochzeitsnacht unvergeßlich zu machen:

> *Laß uns jetzt die Doppeltür mit ihrem goldenen Schloß*
> *verschließen*
> *und die Lampe entzünden, um das Gemach zu erleuchten.*
> *Ich streife meine Gewänder ab und entferne Schminke und Puder*
> *und entrolle das Bildwerk an der Seite des Kissens:*
> *Das Einfache Mädchen[2] soll meine Lehrmeisterin sein.*
> *Wir wollen die mannigfaltigen Stellungen üben,*
> *jene, die ein gewöhnlicher Ehemann kaum gekannt,*
> *wie T'ion-lao sie den Gelben Herrscher gelehrt hat.*
> *Kein Genuß soll den Freuden dieser ersten Nacht gleichkommen,*
> *nie soll diese in Vergessenheit geraten, mögen wir noch so alt*
> *werden.*[3]

Weiter hinten berichten die Kronhausens, wie erotische Kunst im alten China benutzt wurde: «Wir müssen uns Chinas erotischer Literatur zuwenden, um uns die Anwendung der Bilderalben vor Augen zu führen. In einem der besten erotischen Romane der Ming-Dynastie, *Jou Pu Tuan*,[4] finden wir zum Beispiel die Schilderung der Liebesabenteuer eines jungen und begabten Studenten, Wei-yang-sheng. Er heiratet ein gebildetes und schönes Mädchen, Yü-Hsiang (Jadeduft), deren einziger Fehler in der traurigen Tatsache besteht, daß sie außerordentlich prüde ist: nur im Dunkeln willigt sie in den Liebesakt ein und sträubt sich gegenüber allen sexuellen Techniken, die vom Herkömmlichen abweichen. Auch bemerkt der Jungvermählte zu seiner großen Bestürzung, daß Jadeduft während der ehelichen Liebesvereinigung nie zum Orgasmus kommt.

Um dem abzuhelfen, beschließt der junge Ehemann, ein kostbares Album mit erotischen Bildern zu erwerben, mit deren Hilfe er seine Frau zu bilden und ihre Einstellung zu ändern hofft. Wie zu erwarten, weigert sich Jadeduft zunächst, sich die Bilder überhaupt anzusehen, geschweige denn, sich von ihnen beeinflussen zu lassen. Schließlich willigt sie jedoch ein, die Abbildungen unter der Anleitung ihres Ehemannes zu studieren. Die Bilder ‹entfachen ihre Leidenschaft›, und Jadeduft entwickelt sich langsam zu der leidenschaftlichen, sinnlichen und empfänglichen Frau, worauf schon ihr Name hindeutet.»[5]

Die im Westen vorherrschende Einstellung zu erotischen Bildern oder sogenannter «Pornographie» war im alten China unbekannt. Die besondere Einstellung der alten Chinesen zu Liebe und Sexualität wird auch von dem hervorragenden Gelehrten und Diplomaten R. H. van Gulik erwähnt, der ein Buch mit dem Titel *Sexual Life in Ancient China* geschrieben hat. Darin heißt es: «Wahrscheinlich hat diese Einstellung – den Liebesakt als Teil der natürlichen Ordnung anzusehen . . ., ihn nie mit einem Gefühl der Sünde oder moralischen Schuld zu verbinden – zusammen mit der Tatsache, daß es fast überhaupt keine Unterdrückung gab, das Liebesleben im alten China im großen und ganzen so gesund sein lassen, bemerkenswert frei von den pathologischen Anomalien und Verirrungen, die es in so vielen anderen großen alten Kulturen gegeben hat.»[6]

Aber es war nicht nur die Einstellung zur Sexualität im alten China, die van Guliks Erstaunen hervorrief, sondern er interessierte sich auch für die alten taoistischen Überlegungen und Regeln über den Geschlechtsverkehr. Diese Überlegungen und Regeln, die wir das «Tao der Liebe» nennen, sind nie genau und ausführlich für westliche Leser beschrieben worden. Auf den ersten Blick scheint das Tao der Liebe Praktiken zu propagieren, die fast allen anerkannten westlichen Auffassungen über die Sexualität und den Geschlechtsakt zuwiderlaufen. Es wäre sehr simpel, solche Praktiken impulsiv abzulehnen, genauso wie der Westen lange Zeit die mittlerweile als hervorragende Technik der Schmerzlinderung anerkannte Akupunktur abgelehnt hat. Heute, Jahrhunderte später, staunen europäische Mediziner darüber, was man mit der Akupunktur erreichen kann, und versuchen, ihre Geheimnisse zu erlernen. Auch das Tao der Liebe birgt Geheimnisse, die der Westen noch zu entdecken hat. Robert van Gulik sieht das so: «[Das Tao der Liebe] war lange Zeit die Basis der sexuellen Beziehungen in China, woraus sich die erstaunliche Schlußfolgerung ergibt: obwohl der Coitus reservatus [van Guliks Begriff für das Tao der Liebe] mehr als zweitausend Jahre lang in ganz China praktiziert worden sein muß, hat offenbar weder die Nachkommenschaft noch der allgemeine Gesundheitszustand der Bevölkerung dadurch irgendwelchen Schaden genommen.»[7]

Van Gulik wollte, wie man sieht, objektiv sein. Er mußte zugeben, daß die alten Chinesen eine robuste und langlebige Rasse waren, und zwar trotz ihrer scheinbar revolutionären sexuellen Praktiken.

Auch heute noch wirkt das Tao der Liebe revolutionär. Aber mit jeder neuen Entdeckung westlicher Sexualforscher werden die taoistischen Unterweisungen akzeptabler. Die Grundprinzipien des Taos – Steuerung der Ejakulation, vorrangige Befriedigung der Frau und die Einsicht, daß Orgasmus und Ejakulation des Mannes nicht notwendigerweise ein und dasselbe sind – sind mittlerweile zu wichtigen Fragen in der Frauenbewegung geworden, und auch die Wissenschaft hat sich ihrer angenommen, Alfred Kinsey zum Beispiel oder William Masters zusammen mit Virginia Johnson und was der Namen mehr sind. In dem Maße, in dem diese wissenschaftlichen Ergebnisse im Westen Anerkennung und Verbreitung finden, werden sich auch die Vorstellungen von Liebe und Sexualität, die schon vor langer, langer Zeit in China entwickelt worden sind, im Westen durchsetzen. Als van Gulik sein Buch schrieb, war selbst er erstaunt über die Tatsache, daß die moderne Wissenschaft zu bestätigen begann, was die Meister des Taos der Liebe gelehrt hatten: «Ich möchte an dieser Stelle darauf aufmerksam machen, daß die Schilderung der ‹fünf Zeichen› [die auf die Befriedigung der Frau hindeuten], wie sie im *I-hsin-fang* – einem medizinischen Werk aus dem zehnten Jahrhundert, das aus Auszügen aus mehreren hundert Werken der T'ang-Zeit und früherer Epochen besteht – dargestellt werden, bis in alle Einzelheiten mit dem übereinstimmen, was A. C. Kinsey in *Das sexuelle Verhalten der Frau* berichtet – im Abschnitt über die ‹Physiologie der sexuellen Reaktion und des Orgasmus›. Und das spricht für den Rang der altchinesischen Lehrer der Liebe.»[8]

Die von van Gulik erwähnten «fünf Zeichen» für die Befriedigung der Frau wurden einige tausend Jahre früher in einem Gespräch erwähnt, das zwischen dem Gelben Fürsten (Huang-ti)[9] und seiner wichtigsten Ratgeberin, dem Einfachen Mädchen (Su-nü), stattgefunden haben soll:

Der Gelbe Fürst: «Woran erkennt ein Mann, ob seine Frau Befriedigung findet?»

Das Einfache Mädchen: «Es gibt fünf Zeichen, fünf Wünsche und zehn Hinweise. Ein Mann sollte diese Zeichen beachten und sich dementsprechend verhalten. Die fünf Zeichen sind:

1. Ihr Gesicht ist gerötet, und ihre Ohren sind heiß. Dies deutet darauf hin, daß der Gedanke an das Liebesspiel von ihr Besitz ergriffen hat. Der Mann kann jetzt ganz vorsichtig beginnen, mit ihr auf spielerische Weise zu verkehren, nur ganz flach zu stoßen und weitere Reaktionen abzuwarten.

2. Ihre Nase ist mit Schweißtröpfchen betaut, und ihre Brustknospen werden fest. Dies deutet darauf hin, daß die Flammen der Begierde bei ihr höherschlagen. Der Jadeschaft kann jetzt in die ‹Talmitte› [etwas über zehn Zentimeter] vorstoßen, aber nicht tiefer. Bevor er tiefer eindringt, sollte der Mann warten, bis sich ihr Verlangen noch weiter gesteigert hat.

3. Wenn ihre Stimme tiefer wird und klingt, als ob ihre Kehle trocken und rauh sei, dann ist ihr Verlangen noch größer geworden. Ihre Augen sind geschlossen, die Zunge wird sichtbar, und ihr Atem geht vernehmlich. Jetzt ist der Augenblick gekommen, da der Jadeschaft des Mannes frei hinein- und herausgehen kann. Die Vereinigung erreicht nun allmählich das Stadium der Ekstase.

4. Ihr ‹Roter Ball› [Vulva] ist über und über benetzt, das Feuer ihrer Wollust nähert sich seinem Höhepunkt, und jeder Stoß läßt die Gleitsäfte überströmen. Leicht berührt sein Jadeschaft das Tal der ‹Wassernußzähne› [Tiefe: fünf Zentimeter]. Nun kann er frei zustoßen, einmal links, einmal rechts, einmal langsam, einmal schnell, ganz nach Belieben.

5. Wenn ihre ‹Goldenen Lotosblumen› [Füße] in die Höhe gestreckt sind, den Mann zu umarmen, haben ihr Feuer und ihre Lust den Höhepunkt erreicht. Sie schlingt ihre Beine um seine Hüften und hält sich mit beiden Händen an seinen Schultern und seinem Rücken fest. Ihre Zunge ist immer noch sichtbar. Dies sind die Zeichen, daß der Mann jetzt noch tiefer bis in das ‹Tal der tiefen Kammer› [fünfzehn Zentimeter] hineinstoßen soll. Diese tiefen Stöße werden sie vollkommen befriedigen in einer Ekstase des ganzen Körpers.»

Obwohl die alten chinesischen Schriften zur Liebeskunst eher in einer blumigen und poetischen als in einer klinischen Sprache abgefaßt sind, heißt

21

das nicht, daß ihre Autoren das Thema Liebe und Sexualität nicht ernsthaft behandelten. Tatsächlich glaubten sie, daß körperliche und geistige Gesundheit und die Langlebigkeit unmittelbar mit dem Liebesakt verbunden seien. Aus diesem Grund waren Liebe und Sexualität ein wichtiges Gebiet in der Medizin. Die Freuden der Liebe werden keineswegs dadurch geschmälert, daß sie auch Nutzen bringen. Die taoistische Liebeslehre geht davon aus, daß die Liebe und der sexuelle Umgang nur dann wirklich zuträglich sein können, wenn sie vollkommen befriedigend sind.

Was ist Tao?

Ein Baum von einem Klafter Umfang
entsteht aus einem haarfeinen Hälmchen.
Ein neun Stufen hoher Turm
entsteht aus einem Häufchen Erde.
Eine tausend Meilen weite Reise
beginnt vor deinen Füßen. [10]

Zum besseren Verständnis der alten taoistischen Liebeskunst brauchen wir eine ungefähre Vorstellung davon, was Taoismus bedeutet – da es die Quelle ist, der das Tao der Liebe entspringt. Der Taoismus ist eine Philosophie, die den Chinesen ersichtlich gut bekommen ist und durch die von ihr empfohlene kluge Zurückhaltung und das angeratene Abwarten des richtigen Zeitpunkts die typisch chinesische Ausdauer gestärkt hat. Ein altes Wort lautet: «Wenn der Konfuzianismus das äußere Gewand des Chinesen ist, so ist der Taoismus seine Seele.» Daß die Kultur des Reiches der Mitte so lange Bestand hatte, ist gewiß auch den Lehren des Taoismus zu danken, die in poetischen Gleichnissen zu Geduld und Harmonie rieten:

Etwas festhalten wollen und dabei es überfüllen:
das lohnt der Mühe nicht.
Etwas handhaben wollen und dabei es immer scharf halten:
das läßt sich nicht lange bewahren. [11]

Das Tao ist eine in China heimische Weisheit, deren Entstehung vor Tausenden von Jahren begann. Niemand weiß den genauen Zeitpunkt. Im sechsten Jahrhundert vor Christus hat Lao Tzu (Laotse) jedoch die Grundgedanken des Taos in einem Buch mit dem Titel *Tao-te-ching (Taoteking)* zusammengefaßt. Mit nur wenig mehr als fünftausend Wörtern ist das *Tao-*

teking wahrscheinlich das kürzeste der großen Bücher der Weltliteratur. Es ist in viele Sprachen übersetzt worden, allein auf englisch gibt es über dreißig verschiedene Versionen. Jeder Übersetzer hat Laotses Worte etwas anders verstanden und interpretiert, aber immer liegt der taoistischen Lehre der Glaube zugrunde, daß Energie und Triebkraft die Quellen allen Lebens sind. Im Gesamtplan aller Dinge und Wesen sind wir Menschen winzige, unbedeutende und hinfällige Kreaturen. Wenn wir nicht in Einklang stehen mit den Quellen des Lebens – also mit der nie endenden Kraft der Natur –, dann können wir nicht überdauern. Das ist im wesentlichen die Aussage des *Taoteking*. Das Tao *ist* diese unendliche Urkraft der Natur. Und die Lehre des Taos heißt fortbestehen (sich erhalten). Wer das Tao ausüben will, muß völlig unverkrampft und natürlich sein, um ein Teil dieser unendlichen Urkraft zu werden. Und aus dieser naturverbundenen Philosophie der klugen Zurückhaltung des Bewahrens und der Anpassungsfähigkeit hat sich das Tao der Liebe entwickelt.

Die Philosophen des Westens haben sich schon immer für den Taoismus interessiert, in jüngster Zeit auch Wissenschaftler und Ärzte. 1929 hat der Tiefenpsychologe C. G. Jung eine Einführung zu einem Buch über den Taoismus geschrieben und in seine eigenen *Gesammelten Werke* einen Essay aufgenommen, der auch das Tao behandelt. Er schreibt: «Weil die Dinge der inneren Welt uns subjektiv um so mächtiger beeinflussen, als sie unbewußt sind, so ist es für den, der einen weiteren Fortschritt in seiner eigenen Kultur machen will (und fängt nicht alle Kultur beim einzelnen an?), unerläßlich, daß er die Animawirkungen objektiviere und dann zu erfahren suche, welche Inhalte jenen Wirkungen zugrunde liegen. Damit erwirbt er sich Anpassung und Schutz gegen das Unsichtbare. Diese Anpassung kann natürlich nicht erfolgen ohne Konzessionen an die Bedingungen beider Welten. Aus der Berücksichtigung der Forderungen der Welt innen und außen, besser gesagt, aus ihrem Konflikt, ergibt sich das *Mögliche und Nötige*. Leider hat unser abendländischer Geist infolge seines Kulturmangels in dieser Beziehung für die *Einigung der Gegensätze auf einem mittleren Wege,* diesem fundamentalsten Hauptstück innerer Erfahrung, noch nicht einmal einen Begriff gefunden, geschweige denn einen Namen, den man dem chinesischen Tao mit Anstand zur Seite stellen könnte.»[12]

C. G. Jung erklärt dann, daß seine eigene analytische Technik Ähnlichkeiten mit den Zielen und Methoden der Chinesen besitze. Wie die Taoisten suchte auch Jung nach einem Weg zu einer harmonischen Lebensweise. Und dazu gehört ganz wesentlich das Tao der Liebe.

Die Übereinstimmung zwischen frühen und modernen
Arbeiten über Sexualität

Wie bereits erwähnt, studierten und diskutierten Gelehrte und Ärzte im alten China die Sexualität und sexuellen Techniken auf ganz ähnliche Weise wie Masters und Johnson und Kinsey in unserer Zeit. Viele Schlußfolgerungen der alten Chinesen werden heute von der modernen Wissenschaft bestätigt. So sind zum Beispiel Masters und Johnson die ersten modernen Sexualforscher, die wiederholte Unterbrechungen während des Geschlechtsakts befürworten, um den Koitus zu verlängern und der Frau vollkommene Befriedigung zu ermöglichen. Außerdem soll der männliche Partner auf diese Weise lernen, wie er seine Ejakulation beherrschen kann.

Dies stimmt fast vollkommen mit den alten Texten über das Tao der Liebe überein, die ja gerade diese Art der Ejakulationsbeherrschung lehren.

In einer ihrer Untersuchungen empfehlen Masters und Johnson Männern, die an vorzeitiger Ejakulation leiden, die von ihnen so genannte «Squeeze Technique» (Druck-Technik). Es handelt sich dabei um eine ziemlich komplizierte Technik: Die Partnerin muß sich in der Frau-oben-Position befinden, und wenn er ihr sagt, daß er den «Gefahrenpunkt» erreicht hat, muß sie sich schnell von dem Penisschaft erheben und drei oder vier Sekunden lang die Peniskuppe fest zusammendrücken (to squeeze heißt quetschen). Auf diese Weise verliert er den Drang zu ejakulieren.

Die altchinesische «Druck-Technik» ist der von Masters und Johnson empfohlenen sehr ähnlich, aber viel einfacher auszuführen. Sie kann bei fast allen Stellungen angewandt werden, da der Mann den Druck selbst ausübt. (Eine ausführlichere Darstellung findet sich auf den Seiten 51/52.)

Darüber hinaus sind Masters und Johnson im Westen die ersten Wissenschaftler, die es nicht ablehnen, wenn der Mann die Ejakulation auf unbestimmte Zeit hinauszögert: «Viele Männer lernen es, die Ejakulation zu verhindern oder hinauszuschieben, bis die volle sexuelle Befriedigung der Partnerin erreicht wurde. Eine volle sexuelle Befriedigung kann aber für die Frau mehrere vollständige Reaktionszyklen bedeuten, das heißt, die Erektion muß dann über längere Zeitspannen aufrechterhalten werden . . . Folglich kann das erste Stadium der Penisinvolution, das gewöhnlich von kurzer Dauer ist, sehr lange andauern, und das zweite Stadium der Involution kann infolgedessen hinausgezögert werden. Eine eindeutige physiologische Erklärung dieser klinischen Beobachtung kann zur Zeit nicht gegeben werden.»[13]

Die aufgeschlossene Einstellung von Masters und Johnson unterscheidet sich nur graduell vom Tao der Liebe. Das Tao hält alle Männer dazu an, die Ejakulation zu beherrschen und zu steuern, und betrachtet dies als vorteilhaft für beide Geschlechter.

Vielleicht ist die überraschendste Schlußfolgerung, zu der Masters und Johnson in dieser Untersuchung gekommen sind, die, daß ein Mann nicht bei jedem Koitus ejakulieren muß. Für den Mann um die Fünfzig wird dies besonders wichtig. Masters hat darin den wichtigsten Punkt seines zweiten, auch mit Virginia Johnson verfaßten Buches, *Impotenz und Anorgasmie*, gesehen. Außerdem hat er hinzugefügt, daß ein älterer Mann, der diesen Rat befolgt, «potentiell ein höchst leistungsstarker Sexualpartner ist».[14]

Das Tao der Liebe stimmt damit vollkommen überein und geht sogar noch ein Stück weiter. Ein Arzt aus dem siebten Jahrhundert, Li Tunghsüan, Leiter einer Medizinhochschule in der Reichshauptstadt Ch'ang-an, schrieb dazu in seinem Buch *Tung-hsüan-tzu:* «Ein Mann sollte die Fähigkeit entwickeln, seine Ejakulation hinauszuzögern, bis die Partnerin voll befriedigt ist . . . Ein Mann sollte feststellen, welches die für ihn ideale Ejakulationshäufigkeit ist, und sollte es verstehen, sich danach zu richten. In zehn Geschlechtsakten sollte er jedoch nicht mehr als zwei- oder dreimal ejakulieren.»[15]

Die Ejakulation einmal anders gesehen

Sun Szu-mo, ein anderer Arzt aus dem siebten Jahrhundert, setzte die Altersgrenze bei vierzig anstatt bei fünfzig an. Von diesem Alter an, so meinte er, müsse sich ein Mann davor hüten, die Ejakulation zu erzwingen. Fast sämtliche alten Texte über das Tao der Liebe warnen davor auch. In diesem Zusammenhang lehrten die alten Taoisten ferner, daß Orgasmus und Ejakulation beim Mann *nicht ein und dasselbe seien*. Seltenere Ejakulationen bedeuteten keineswegs, daß ein Mann sexuell unzulänglich oder sein Lustempfinden geringer sei. Daß die Ejakulation als «Höhepunkt der Lust» gilt, ist nämlich in der Tat bloß eine Denkschablone. Und zwar eine mit schlimmen Folgen. Ein Gespräch zwischen einer von Huang-tis Beraterinnen im Tao der Liebe und einem Meister des Taos aus einem alten Buch mit dem Titel *Yü-fang pi-chüeh* («Die Geheimnisse der Jadekammer») mag dies verdeutlichen:

Ts'ai-nü [eine von Huang-tis drei Frauen für Tao-Fragen]: «Man nimmt allgemein an, daß der Mann beim Erguß große Lust empfindet. Aber wenn er nun das Tao lernt und sich immer seltener ergießt, wird dann nicht auch seine Lust immer geringer?»

P'eng-tsu [Huang-tis ranghöchster Tao-Berater]: «Ganz und gar nicht. Nach dem Erguß ist ein Mann müde, es summt ihm in den Ohren, seine Augenlider werden schwer, und er sehnt sich nach Schlaf. Er hat Durst, und seine Gliedmaßen sind träge und steif. Der Erguß verschafft ihm eine kurze Sekunde der Erregung, aber darauf folgen lange Stunden der Müdigkeit. Und das ist gewiß kein wahres Vergnügen. Wenn ein Mann jedoch seinen Erguß steuert und auf ein Mindestmaß beschränkt, wird sein Körper gestärkt sein, sein Geist gelassen und seine Seh- und Hörfähigkeit gebessert. Obwohl der Mann sich die Lust des Ergusses zeitweilig versagt zu haben scheint, wird er seine Frau nur noch viel mehr lieben. Es ist, als ob er nie genug von ihr bekommen könnte. Und ist das nicht das wahre, dauerhafte Vergnügen?»

Ich werde oft gefragt, worin meine Lust besteht, wenn ich mich nur etwa einmal bei hundert Geschlechtsakten ergieße. Gewöhnlich antworte ich: «Ich würde meine Lust bestimmt nicht für Ihre Art von Vergnügen eintauschen. Und ich habe zwölf Jahre[16] mit Ihrer Art des Vergnügens mit dem ständigen Ejakulationszwang verbracht, und das waren zwölf schöne Jahre zuviel!» Wenn es ein Mann ist, der mich das fragt, kann er eigentlich nicht daran zweifeln, daß ich es ernst meine, weil ich so zufrieden, glücklich und gesund aussehe. Und wenn eine Frau diese Frage stellt, die mich ganz am Anfang unserer Beziehung bemitleidet, wird meine Begeisterung beim Lieben sie bald davon überzeugen, daß es mir mit ihr sehr gut gefällt. Auf jeden Fall wird sie im Verlaufe weniger Stunden merken, daß sie eine vollkommen neue Art zu lieben erlebt, und sie wird höchstwahrscheinlich feststellen, daß sie die Liebe noch nie so genossen hat. Tatsächlich waren viele Frauen freimütig genug, mir zu sagen, daß sie nicht wußten, was für ekstatische Wonnen es im Liebesakt geben könne.

Wie kann ein Schüler des Taos dies erreichen? Und wie genieße ich den Liebesakt, wenn ich mich so selten ergieße?

Um mich besser verständlich zu machen, muß ich hier etwas von meinen eigenen Erfahrungen berichten. Ich wurde in einer der lieblichsten Provinzen Chinas geboren – die Hauptstadt der Provinz Hangchou ist zweifellos die am schönsten gelegene Stadt in ganz China. Marco Polo schildert sie als die prächtigste Stadt der Welt (in seinem Buch heißt sie Kingsay). Und das ist wahrlich ein großes Lob aus dem Munde eines Mannes aus dem herrlichen Venedig! Hangchou war die alte Hauptstadt der kunstsinnigen

Sung-Dynastie im Süden. Selbst heute noch kommen sehr viele chinesische Schriftsteller und Dichter aus Hangchou und Umgebung. Im April und Mai ist die ganze Stadt, besonders um den See herum, in eine traumhafte Atmosphäre voller Glückseligkeit getaucht. Der See ist nach Shih-tzu (Hsi-shih) benannt, der wohl schönsten Frau in der ganzen chinesischen Geschichte, die etliche Jahrhunderte vor Christus an dem durch die Stadt fließenden Fluß geboren wurde. Und einer der Hügel um den See ist nach dem berühmten Taoisten Ko Hung benannt, der in diesem Buch hin und wieder erwähnt wird. Ich verbrachte viele Jahre meiner Kindheit in dieser Stadt und an diesem herrlichen See.

Und was war die Folge davon? Ich fing schon im Alter von etwa sieben Jahren an, mich für schöne Frauen zu interessieren. Wie auch wissenschaftlich nachgewiesen ist, beginnen Männer ihr Liebesleben damit, daß sie masturbieren. Das tat ich mit etwa zwölf oder dreizehn Jahren, aber es befriedigte mich überhaupt nicht. Vielleicht war ich von landschaftlicher Schönheit, Literatur und Poesie zu sehr verwöhnt worden.

Ich konnte an der sogenannten Selbstbefriedigung so gar nichts Befriedigendes entdecken, sie blieb für mich ein bloß mechanisches Tun ohne jeden gefühlsmäßigen Reiz. Und ich glaube, daß ich einer der wenigen Männer bin, die in ihrem ganzen Leben nicht mehr als ein dutzendmal onaniert haben. Ich wundere mich oft darüber, daß so viele Sexualwissenschaftler diesen langweiligen, monotonen Akt als «sexuelles Vergnügen» bezeichnen. Aber es wundert mich nicht, daß die Taoisten ausnahmslos dieses Thema nicht einmal für erwähnenswert hielten.

Wirklich mit einer Frau geschlafen habe ich erst mit etwa achtzehn Jahren. Nicht, daß ich keine Gelegenheiten gehabt hätte, aber es dauerte lange, bis ich lernte, sie auch wahrzunehmen. Und die ersten Geschlechtsakte enttäuschten mich fast so wie mein kurzes Abenteuer mit der Onanie. Wie bereits erwähnt, ejakulierte ich – oder onanierte in der Vagina (wie ich es heute sehe) – ungefähr zwölf Jahre lang. Aus mehreren Gründen betrachte ich das nicht als großes Vergnügen: denn erstens ist der Mann dauernd um seine Ejakulation besorgt; zweitens hat die Frau oft Angst vor einer Schwangerschaft; und drittens: wenn sie die Pille nimmt oder eine Spirale trägt, hat sie ständig Angst vor den Nebenwirkungen, und wenn sie eines der anderen Mittel nimmt, muß sie daran denken, es rechtzeitig anzuwenden. Wie sollen ein Mann und eine Frau bei diesen ganzen Sorgen noch so etwas wie eine Ekstase des Gefühls erfahren?

Anders bei dem Mann, der das Tao meistert. Zunächst einmal sind er und

27

seine Partnerin frei: frei von den eben erwähnten Sorgen. Und sie haben außerdem noch die Freiheit, sich zu lieben, wann immer sie Zeit und Lust dazu haben. Und da sie sich nun viel länger und häufiger lieben können, haben sie genügend Zeit, die Beschaffenheit ihrer Haut, die Linien, die verführerischen Gerüche ihrer Körper zu erkunden und zu genießen. Das ist unmöglich, wenn man den Kopf voller Sorgen hat.

Ein Mann, der die Methoden des Taos nicht anwendet, gleicht einem Feinschmecker, der am liebsten ständig sein Leibgericht essen würde, dazu jedoch leider nicht in der Lage ist, weil das Fassungsvermögen seines Magens dazu nicht ausreicht. Die armen alten Römer waren so gefräßig, daß sie sich regelmäßig und mit Absicht übergeben haben, um sofort wieder drauflosessen zu können – in meinen Augen ist das weder ein gesunder noch ein ökonomischer noch ein ästhetischer Brauch. Aber ein Liebespaar, das das Tao beherrscht, kann seine Lieblingsgenüsse ständig haben.

Ich bin mir bewußt, daß die Frage, was man davon habe, wenn man mit einer Frau koitiert, ohne zu ejakulieren, durch all diese Worte nicht wirklich beantwortet wird.

In gewisser Weise ist nämlich diese Frage genausowenig zu beantworten wie die Frage eines Blinden: «Was ist Blau?» Ich kann eigentlich nur eine Gegenfrage stellen: «Was ist denn die Ejakulation?» Darauf wird man antworten, die Ejakulation sei eine explosionsartige Entladung von Spannung. Wie ein Wutschrei oder eine Lachsalve oder . . .

Wenn das stimmt, dann kann ich sagen, daß Sex ohne Ejakulation auch eine Entladung von Spannung ist, aber ohne die Explosion. Es ist eine Lust, die nicht gewalttätig, sondern friedlich ist, ein sinnliches und anhaltend befriedigendes Verschmelzen mit etwas, das größer ist als man selbst. Es ist ein Gefühl der Ganzheit, statt des Abgetrenntseins; ein Verschmelzen und ein Mitteilen statt eines ausgesperrten, isolierten und einsamen Krampfes.

Darüber hinaus läßt es sich mit Worten nicht fassen.

Die Harmonie zwischen Yin und Yang

Daß der auf Alter und Gesundheitszustand des Mannes abgestimmten Steuerung der Ejakulation so große Bedeutung beigemessen wird, beruht nicht auf einer willkürlichen Annahme der Tao-Meister der Liebe, sondern auf der Schlußfolgerung, zu der man nach Hunderten von Jahren sorgfältiger Beobachtung gekommen war, daß der männliche Samen eine lebenswichtige Substanz ist und nicht einfach sinnlos verschwendet werden darf. Sun Szu-mo, der berühmteste Arzt der T'ang-Zeit (618–906 n. Chr.), hat in seinem Buch *Kostbare Rezepte* folgendes darüber geschrieben: «Wenn ein Mann seinen Samen verschwendet,[17] wird er krank, und wenn er seinen Samen unbedacht erschöpft, muß er sterben. Daran sollte ein Mann immer denken.»

Hat ein Mann einmal die Fähigkeit erlangt, seine Ejakulation zu steuern, erhält er sich nicht nur seine Lebenssubstanz, sondern gewinnt noch viel mehr dazu. Zunächst einmal wird seine Partnerin nicht länger unbefriedigt sein, weil er ja nun mehr Selbstvertrauen besitzt und fast so oft, wie er und seine Partnerin es wünschen, zur Vereinigung in der Lage ist. Und weil sie sich viel häufiger und länger lieben können, zieht jeder Partner mehr Gewinn aus der Substanz des anderen: er von ihrer Yin-Substanz und sie von seiner Yang-Substanz. Auf diese Weise finden sie zu einer einzigartigen Seelenruhe. Diese durch fortwährendes liebevolles und genußreiches Lieben erlangte Ruhe war im alten China als «die Harmonie zwischen Yin (weiblich) und Yang (männlich)» bekannt. In diesem Buch soll versucht werden zu zeigen, wie man zu dieser Yin-Yang-Harmonie gelangt, die wir das Tao der Liebe nennen (und die in alten Zeiten auch als das «Tao von Yin und Yang», das «Tao der Vereinigung» oder als die «Yin-Yang-Vereinigung» bezeichnet wurde).

Die Übereinstimmung zwischen den überlieferten und heutigen Vorstellungen von Harmonie und Glück

Vor fast dreißig Jahren entdeckte der Psychiater René A. Spitz, daß über dreißig Prozent von Säuglingen in Waisenhäusern trotz angemessener Ernährung, hygienischer Umgebung und hervorragender medizinischer Betreuung das erste Jahr ihres unpersönlichen, lieblosen Anstaltsdaseins nicht überleben. Und in jüngster Zeit hat der bekannte Schweizer Kinderpsychologe Jean Piaget auf die lebenswichtige Bedeutung von Lieben/Berühren und Kommunikation für das Wohlbefinden und das gesunde Wachstum von Kindern hingewiesen.

Lieben/Berühren und Kommunikation sind für erwachsene Männer und Frauen gleichermaßen lebenswichtig. Es ist noch nicht lange her, daß dies im Westen allgemein bekanntgeworden ist, unter anderem durch Masters' und Johnsons drittes Buch, *The Pleasure Bond* (etwa: «Die Wonnebindung»). Der Titel der deutschen Buchausgabe lautet: *Spaß an der Ehe*. Masters und Johnson sind der Ansicht, daß menschliches Glück und Wohlbefinden ohne regelmäßiges Lieben/Berühren unter erwachsenen Männern und Frauen fast unerreichbar sind. Dies ist der Yin-Yang-Harmonie, von der in diesem Buch die Rede ist, natürlich ganz ähnlich, außer daß die alten Taoisten es für wichtig hielten, daß der Mann es lernt, seinen Erguß zu steuern.

Das Tao mißt der Beherrschung der Ejakulation deshalb so große Bedeutung bei, weil sie Mann und Frau eine fast unbegrenzte Möglichkeit gibt, einander zu berühren und zu lieben. Denn es ist sinnlos, zu etwas zu raten, was den meisten Männern schwerfällt – ihre Frau liebend zu berühren, wann immer sie bei ihm ist und Zeit hat. Beinahe jeder Mann weiß, daß er, wenn er müde ist, gewöhnlich lieber nicht von seiner Frau berührt werden will (natürlich bevor er das Tao erlernt hat), und zwar aus zwei einfachen Gründen: Er fürchtet, sie nicht befriedigen zu können, oder er will ungestört einschlafen. Aber wenn ein Mann es gelernt hat, seine Ejakulation zu steuern, fürchtet er das nicht mehr und kann es, selbst wenn er schlafen will, genießen, in den Schlaf gestreichelt zu werden. Er kann sogar ein bißchen lieben (wenn man das Tao gelernt hat, ist Lieben nicht mehr anstrengend).

Fast jede erfahrene Frau kennt das starke Gefühl, daß ihr Mann sie häufig nicht genügend liebt/berührt. Es ist nicht übertrieben zu behaupten, daß dieses unbefriedigte Bedürfnis viele Frauen zur lesbischen Liebe[18] treibt und noch viel mehr Frauen deshalb ihre Zuneigung Haustieren schenken, die ja durchweg freundlich auf Berührung reagieren. Oft bekennen Frauen, daß sie sich ihrem eigenen Geschlecht zuwenden, weil sie glauben, nur eine andere Frau könne dieses Verlangen nach Zärtlichkeit wirklich verstehen. Das stimmt natürlich nicht immer. Denn von Natur aus hat der Mann genau dasselbe Bedürfnis, geliebt/berührt zu werden. Das Problem ist, daß die überwältigende Mehrheit der Männer nie Gelegenheit hatte, hinreichend zu lernen, damit umzugehen. Der in diesem Band erwähnte französische Schriftsteller Paul Léautaud ist ein aufschlußreiches Beispiel dafür.

Wenn ein Mann das Tao erlernt hat, wird er das Lieben/Berühren unendlich mehr genießen, weil die Grenzen zwischen Lieben/Berühren und dem eigentlichen Koitus fließend sind. Aber bevor er das Tao erlernt hat, wird ein Mann das vielleicht nicht ganz verstehen. Nicht nur, daß ein Tao-Schüler viel mehr genießt, er und seine Partnerin ziehen beide auch noch Nutzen aus dem Liebesakt. Warum das so ist, soll gleich erklärt werden.

Nei-tan *(inneres Elixier) und* wai-tan *(äußeres Elixier)*

Nachdem er es gelernt hat, sich zu entspannen und mit seiner Umgebung in Einklang zu sein, kann ein Taoist sein Leben meist viel intensiver genießen. Als Folge davon wird er sich aktiv um ein langes, gesundes Leben bemühen. Es ist nicht verwunderlich, daß fast alle großen Ärzte im alten China Taoisten waren. Und da es im Verlaufe so vieler Jahrtausende so viele Taoisten gegeben hat, ist es auch nicht verwunderlich, daß es viele verschiedene Methoden der Lebensverlängerung gibt.

Im wesentlichen gibt es zwei Richtungen – die eine hebt hauptsächlich das äußere Elixier hervor, die andere legt besonderen Wert auf das innere Elixier (eine genaue Abgrenzung gibt es nicht). Die Taoisten, die für das äußere Elixier eintraten, waren Alchimisten, die sich immer auf der Suche nach läuternden, Unsterblichkeit verleihenden Substanzen befanden. Diejenigen, die das innere Elixier in den Vordergrund stellten, waren realistischer und klüger: Sie glaubten, das, was in einem selber ist, genüge, um das Leben zu verlängern, und sei zudem ungefährlicher. Ein überzeugendes Beispiel ist der berühmte Arzt Sun Szu-mo, der über hundert Jahre lang, nämlich von 581 bis 682 n. Chr., lebte und ein großer Befürworter des inneren Elixiers war und jedes Medikament mied, es sei denn, alle natürlichen Mittel hatten versagt.

Es soll hier nicht im einzelnen auf das äußere Elixier eingegangen werden, das aus zu goldenen Tabletten geläuterten chemischen Verbindungen und Metallen besteht. Aber wir werden uns etwas ausführlicher mit dem inneren Elixier beschäftigen, das eine bedeutende Rolle beim Tao der Liebe spielt.

Das innere Elixier hat hauptsächlich mit dem Geist zu tun. Zum Beispiel erreichen wir Ejakulationskontrolle hauptsächlich durch eine geistige Selbstkontrolle, und richtig zu atmen lernen wir ebenfalls hauptsächlich durch geistige Übung. Aber natürlich ist der Kopf nicht allein beteiligt. Wer an das innere Elixier glaubt, versucht zu einem möglichst vollkommenen Zusammenspiel von Körper und Seele zu gelangen. Dies erreicht man durch regelmäßige Übungen.

Im Zusammenhang mit dem inneren Elixier ist es außerdem wichtig, vieles zu bewahren oder zu sparen, was naturwissenschaftlich fixierte Menschen vielleicht lächerlich finden werden. Ich persönlich tue das nicht. Im Laufe der Zeit stellt sich nämlich oft genug heraus, daß die scheinbar lächerlichen Vorstellungen derer, die das innere Elixier befürworten, durchaus sinnvoll waren. Auf den männlichen Samen kommen wir später zu sprechen. Ein anderes interessantes Beispiel aus jüngster Zeit ist das Schweißsparen. Jahrelang waren westliche Physiologen der Ansicht, es sei gesund, so hart zu trainieren, bis einem der Schweiß ausbricht. Aber jeder, der das bekannte Buch *Total Fitness*[19] von L. E. Morehouse gelesen hat, wird darüber anders denken. Morehouse ist vielleicht der erste westliche Physiologe, der sich dafür ausspricht, daß man seinen Schweiß sparen soll. Er ist der Ansicht, daß jemand, der schwitzt, schon zu hart trainiert hat. Und ein Taoist würde hinzufügen, starke Transpiration sei ein sicheres Zeichen dafür, daß der Betreffende es nicht gelernt habe, sich ausreichend zu entspannen. Wir wollen uns nicht zu lange bei dem Thema der inneren und äußeren Elixiere aufhalten. Wer sich eingehender damit befassen möchte, findet alles Wissenswerte in Joseph Needhams *Science and Civilisation in China*.

. . . weder Arznei
noch Nahrung noch Erlösung des Geistes
können das Leben eines Menschen verlängern,
wenn er das Tao der Liebe
nicht versteht noch übt.
P'ENG-TSU

2
WIE DAS TAO
DER LIEBE
ZU VERSTEHEN
IST

Es gibt drei Grundgedanken, die das Tao der Liebe von anderen Darlegungen über das Geschlechtsleben unterscheiden. Diese müssen richtig verstanden werden, bevor man sie sich zu eigen machen kann. (Eine ausführlichere Darstellung dieser Gedanken folgt auf den Seiten 38, 43-56, 90/91.)

Der erste Gedanke besteht darin, daß ein Mann lernen muß, den seinem Alter und körperlichen Zustand entsprechenden Abstand zwischen seinen Ejakulationen zu finden. Dies sollte ihn so kräftigen, daß er immer, wenn er und seine Partnerin es wünschen, zur Liebe fähig ist und so lange darin fortfahren (oder nach Unterbrechungen weitermachen) kann, bis seine Partnerin vollkommen befriedigt ist.

Der zweite Gedanke bedeutet eine Revolution des westlichen Sexualitätsbegriffs. Die alten Chinesen glaubten nicht, daß die Ejakulation – insbesondere die unbeherrschte Ejakulation – der Augenblick des höchsten Lustgefühls für den Mann sei. Wenn er das einmal weiß, kann ein Mann andere, viel herrlichere Freuden im Liebesakt entdecken. Dies wiederum wird es ihm erleichtern, den Samenerguß zu beherrschen.

Der dritte Gedanke – in anderer Hinsicht sehr wichtig – ist, daß der Befriedigung der Frau große Bedeutung zukommt. Kinsey und die westlichen Sexualforscher, die nach ihm kamen, haben dies im Westen bereits weithin bekanntgemacht. In den letzten Jahren haben die verschiedenen Frauenbewegungen die Ergebnisse dieser Forschungsarbeit noch weiter verbreitet, und an der Stichhaltigkeit ihrer Schlußfolgerungen wird kaum mehr gezweifelt.

Diese drei Gedanken sind die eigentliche Basis der alten chinesischen Liebeslehre. Sie ermöglichten es Männern und Frauen nicht nur, sich so lange und so oft sie wollten zu lieben, sondern brachten auch eine sexuelle Freiheit und Natürlichkeit mit sich, die im alten China blühte, solange der Taoismus tonangebend war. Die Taoisten glaubten, daß sexuelle Harmonie den Menschen mit der unendlichen Urkraft der Natur verbinde, in der ihren Vorstellungen zufolge auch sexuelle Dinge eine Rolle spielten. So war die Erde zum Beispiel das weibliche oder Yin-Element und der Himmel das männliche oder Yang-Element. Das Zusammenspiel zwischen diesen beiden bildete das Ganze. Ebenso schuf die Vereinigung von Männern und Frauen eine Einheit. Und das eine war so wichtig wie das andere.

Die Rolle der Frau

Von Anfang an spielten die Frauen eine wichtige Rolle in der Lehre vom Tao der Liebe. Sie waren berühmt als Tao-Meisterinnen der Liebe und als Beraterinnen des Kaisers in diesen Dingen. Erst viel später ist die Frau in China in eine abhängige, ja unterwürfige Stellung hineingeraten. Die große Bedeutung der Frau wird auch in den Texten über das Tao der Liebe deutlich, von denen einige uns heute noch zugänglich sind. Viele dieser Texte sind in Form von Dialogen geschrieben. Dazu gehören die Dialoge zwischen dem Gelben Fürsten und seiner Beraterin Su-nü. Wie wir an Zitaten daraus gesehen haben, sind diese in einer reizvollen und anschaulichen Sprache gehalten. Beispielsweise wird «Phallus» zum «Jadeschaft» (*yü-ching*) und «Vulva» zur «Jadepforte» (*yü-men*). Interessant ist in diesem Zusammenhang, daß die alten Chinesen bestimmte Bezeichnungen nie abwertend verwendet haben, wie das heute häufig vorkommt. Ihre aufgeschlossene und unbefangene Einstellung zur Sexualität ließ es nicht zu, daß sie sexuelle Ausdrücke als «schmutzige Worte» empfanden. Um der Abwechslung willen soll das alte Wort *yü-ching* für «Phallus» in diesem Buch hin und wieder benutzt werden.

Bedeutung des Liebesaktes

Wie wichtig die alten Taoisten den Liebesakt nahmen, wird in dem folgenden Dialog aus dem *Su-nü-ching* deutlich:

Der Gelbe Fürst: «Ich bin erschöpft und nervös. Ich bin traurig und empfindlich. Was soll ich dagegen tun?»

Su-nü: «Jeder Schwächezustand des Mannes ist auf Fehler in der Art und Weise, wie er liebt, zurückzuführen. Die Frau ist in ihrer Geschlechtlichkeit und Natur stärker als der Mann, so wie Wasser stärker als Feuer ist. Wer das Tao der Liebe kennt, ist wie ein guter Koch, der es versteht, die fünf Wohlgeschmäcke zu einem köstlichen Gericht zu vereinigen. Wer das Tao der Liebe kennt und Yin und Yang in Einklang bringt, kann die fünf Freuden zu himmlischer Lust vereinigen. Wer das Tao der Liebe nicht kennt, wird vor der Zeit sterben, ohne die Freuden der Liebe wirklich kennengelernt zu haben. Ist es nicht das, worauf Eure Majestät ihr Augenmerk richten sollten?»

Huang-ti beschließt, diesen Rat zu erproben, und wendet sich an

Hsüan-nü, eine andere seiner vier Beraterinnen (er hat außerdem noch einen – nur einen! – männlichen Berater):

Huang-ti: «Su-nü hat mich gelehrt, wie man die Harmonie zwischen dem Yin und dem Yang erlangt. Nun wünsche ich zu hören, was du dazu zu sagen hast, das heißt, ob du das, was ich von ihr erfahren habe, bestätigen kannst.»

Hsüan-nü: «In unserem Weltall ist alles Leben durch die Harmonie zwischen dem Yin und dem Yang entstanden. Wenn das Yang die Harmonie mit dem Yin besitzt, sind alle Probleme des Mannes gelöst, und wenn das Yin die Harmonie mit dem Yang hat, verschwinden alle Hindernisse auf dem Weg der Frau. Ein Yin und ein Yang müssen einander ständig beistehen. Solcherart wird der Mann sich gefestigt und stark fühlen. Die Frau wiederum wird bereit sein, ihn in sich zu empfangen. So werden die beiden vereint sein, und ihre Säfte werden sie wechselseitig nähren . . .»

Wie man erkennt, ob eine Frau befriedigt ist

Nachdem Huang-ti die Empfehlung seiner Beraterinnen angenommen hatte, machte er sich daran, im einzelnen herauszufinden, wie das dritte Prinzip des Taos der Liebe zu meistern sei. Er wandte sich wieder an seine erste Beraterin.

Huang-ti: «Woran erkennt ein Mann, was seine Frau wünscht und was sie befriedigt?»

Su-nü: «Es gibt zehn Zeichen. Ein Mann muß sie beachten und wissen, was zu tun ist. Die zehn Zeichen sind:

1. Ihre Jadehände umfassen seinen Rücken, ihr Unterleib bewegt sich. Sie streckt die Zunge heraus und leckt ihn, um ihn zu erregen. Dies deutet darauf hin, daß sie höchst erregt ist.

2. Ihr duftender Leib liegt auf dem Rücken, alle Glieder sind gestreckt und steif, und sie atmet heftig durch die Nase. Dies deutet darauf hin, daß sie wünscht, er möge seine Stöße wiederaufnehmen.

3. Sie beginnt mit dem Jadehammer des liegenden Mannes zu spielen und ihn in ihren Händen zu kneten. Dies deutet darauf hin, daß sie Verlangen nach ihm verspürt.

4. Ihre Augen flackern, und die Brauen zucken, sie stößt heisere Laute aus oder sagt spielerische Worte. Dies deutet darauf hin, daß sie höchst erregt ist.

5. Sie nimmt ihre Füße in beide Hände und öffnet weit die Jadepforte. Dies deutet darauf hin, daß sie es sehr genießt.

6. Zwischen ihren Lippen wird die Zunge sichtbar, als ob sie eingedöst oder ein wenig betrunken sei. Dies deutet darauf hin, daß es ihren Schoß nach tiefen und nach flachen Stößen verlangt, und zwar sollen sie kraftvoll ausgeführt werden.

7. Sie streckt die Füße und Zehen aus und versucht, seinen Jadehammer in sich zu behalten, aber sie weiß nicht genau, wie er stoßen soll. Gleichzeitig murmelt sie leise vor sich hin. Dies deutet darauf hin, daß die Flut des Yin kommt.

8. Plötzlich hat sie, was sie will, und dreht die Hüfte ein wenig. Sie schwitzt leicht und lächelt. Dies deutet darauf hin, daß sie wünscht, er möge noch nicht aufhören, weil sie noch mehr will.

9. Das süße Gefühl ist schon da, und ihre Lust steigert sich. Ihre Flut des Yin ist gekommen. Sie hält den Mann immer noch fest. Dies deutet darauf hin, daß sie noch nicht vollkommen befriedigt ist.

10. Ihr Körper ist heiß und schweißnaß. Ihre Hände und Füße sind erschlafft. Dies deutet darauf hin, daß sie nunmehr vollkommen gesättigt ist.»

Aus der genauen Beschreibung der Einzelheiten dieser Anzeichen läßt sich zweifellos schließen, daß die taoistischen Ärzte sich eingehend mit der Materie befaßt haben, und manches deutet darauf hin, daß eine dritte Person zum Zwecke wissenschaftlicher Beobachtung anwesend gewesen sein muß, um die Reaktionen der Frau in jeder Phase des Geschlechtsverkehrs zu vermerken. Zudem erforderten manche Positionen drei Teilnehmer; verschiedene Hinweise können bei solchen Gelegenheiten gewonnen worden sein.

Fehldeutungen des Taos

Jahrelang ist das Tao der Liebe im Westen mangelhaft verstanden und von zahlreichen westlichen Schriftstellern, die ihm nie ganz zutreffende Namen gaben, falsch gedeutet worden. Einige der bekannteren Bezeichnungen sind:

a) *Coitus reservatus* ist der vor mehreren hundert Jahren im Westen zuerst geprägte Begriff. Er ist irreführend, weil er sich zu sehr auf einen einzigen Aspekt des Taos der Liebe konzentriert. Dieser Begriff läßt unter anderem außer acht, daß das Tao zur Regulierung der Ejakulationshäufigkeit rät, die auf Alter, Kraft und körperlichen Zustand des Mannes abgestimmt sein soll.

b) *Enthaltsamkeit des Mannes* ist ein Begriff, der von der Oneida Community herrührt, einer lebensreformerischen Gemeinschaft, die Mitte des neunzehnten Jahrhunderts in dem amerikanischen Bundesstaat Vermont ihre radikalen Experimente verwirklicht hat. Der Begriff wurde bekannter, nachdem Havelock Ellis ihn in seinem epochemachenden Werk *Sexualpsychologische Studien* erwähnt hatte. Wie aus dem Ausdruck hervorgeht, bezeichnet «Enthaltsamkeit des Mannes» eine Art zu lieben, die, abgesehen von Fällen, in denen eine Empfängnis gewünscht wird, den vollkommenen Verzicht auf den Erguß fordert. Das Tao der Liebe rät nicht zum vollkommenenVerzicht auf den Erguß, es sei denn, ein Mann ist sehr alt oder sehr krank.

c) *Karezza* ist eine sehr passive Art zu lieben, die in einem besonders einflußreichen Buch aus den zwanziger Jahren irrtümlich mit der alten chinesischen Art zu lieben gleichgesetzt wurde. Der Autor dieses Buches mit dem bekannten Titel *Die vollkommene Ehe*, T. H. van de Velde, griff diese Technik an, die Anfang des Jahrhunderts von Marie Stopes in ihrem Buch *Eheliche Liebe* propagiert worden war. Tatsächlich hat Karezza sehr wenig Ähnlichkeit mit dem Tao der Liebe, außer da, wo letzteres sich auf die sehr Alten oder sehr Kranken bezieht, denen zu einer passiveren Methode geraten wird, damit sie noch etwas von der Vereinigung von Yin und Yang profitieren können. Den Jungen oder denen, die gesund und munter sind, rät das Tao keineswegs zur Passivität. In Marie Stopes' Darstellung ähnelt Karezza eher der Technik der Enthaltsamkeit des Mannes als dem Tao der Liebe. Karezza sieht Zärtlichkeiten vor und dann einen sehr ruhigen und passiven Beischlaf ohne Erguß.

d) *Die dunkle Lehre vom Coitus reservatus* ist ein von dem verstorbenen niederländischen Diplomaten R. H. van Gulik in dem bereits erwähnten, abgesehen von einigen lateinischen Passagen, in englischer Sprache geschriebenen Buch *Sexual Life in Ancient China* geprägter Begriff. Es ist vielleicht das einzige Buch eines westlichen Schriftstellers, das etwas ausführlicher auf das Tao der Liebe eingeht. Leider hat van Gulik den Stoff nicht vollkommen verstanden. Er gibt dies in dem Vorwort zu seinem Buch offen zu, weshalb er auch von der «dunklen Lehre des Coitus reservatus» redet. Van Gulik sagt weiter, daß er, der das Tao der Liebe nicht vollkommen verstanden habe, bloß ein Kompilator gewesen sei, daß er es aber als seine Pflicht angesehen habe, die wenigen von ihm gesammelten, kostbaren Informationen weiterzugeben.

e) *Die Künste des Tantra oder Tantrismus* werden ebenfalls oft fälschlich für das Tao der Liebe gehalten. Obwohl der Tantrismus vom Tao der Liebe beeinflußt oder vielleicht sogar daraus hervorgegangen ist, haben seine verschiedenen Schulen sich ganz anders entwickelt. Die buddhistische Schule erwähnt, daß ihre «chinesische Disziplin» genannte Lehre aus China stammt. Die indische Art zu lieben ist äußerst ritualistisch und eng mit der Religion verbunden, während das chinesische Tao der Liebe ein wichtiger Zweig der Medizin blieb.

f) *Imsák (oder Ismák):* darüber wissen wir nur wenig. Es scheint einige Gemeinsamkeiten mit dem Tao der Liebe zu haben. Sir Richard Burton zufolge heißt es im *Ananga Ranga*, das er übersetzt hat: «Dieser Brauch heißt in der arabischen Medizin *Imsák*, was ‹halten› oder ‹zurückhalten› bedeutet.» Abgesehen von dieser kurzen Beschreibung können wir kaum mehr über *Imsák* sagen, weil nie ein Buch darüber geschrieben worden ist. Dem Biographen Ali Khans, Leonard Slater, zufolge, wandte Ali Khan diese geheime Methode des *Imsák* an. Slater gibt an, daß diese Methode vor vielen Jahrhunderten im Orient entstanden sei. (Seit dem achten Jahrhundert hielten die Araber Teile von Indien jahrhundertelang besetzt, könnten also die Tantra-Praktiken übernommen haben. Es ist natürlich auch möglich, daß sie im gleichen Zeitraum etwas Ähnliches direkt von den Chinesen gelernt haben.) Durch die Beherrschung des *Imsák* hatte Ali Khan unbegrenzte Kontrolle über sich und ejakulierte nicht mehr als *zweimal in der Woche*, gleichgültig, wie oft er mit einer Frau schlief.

Offenbar enthalten alle diese Praktiken ein Element, das dem Tao der Liebe entweder ähnlich oder davon abgeleitet ist. Aber sie sind nicht dasselbe. Bisher haben westliche Sitten und westliche Vorurteile verhindert, daß das Tao der Liebe richtig verstanden wurde. Die taoistischen Gedanken erschienen zu fremd, um verstanden werden zu können. Im Laufe der letzten zwanzig Jahre hat sich die Einstellung zu Liebe und Sexualität im Westen jedoch beträchtlich gewandelt.

Heute können wir die Freudsche Vorstellung, daß geistige Gesundheit eng mit einem befriedigenden Geschlechtsleben verbunden ist und keine Neurose ohne sexuellen Konflikt entsteht, ohne weiteres akzeptieren – eine Vorstellung, die schon vor Jahrtausenden von den Tao-Meistern der Liebe verbreitet worden ist. In einem so zuträglichen Klima ist es vielleicht an der Zeit, die alte taoistische Liebeslehre ausführlich zu erklären.

Das Männliche ist vom Yang.
Yang aber ist rasch zu erregen
und weicht genauso rasch zurück.
Das Weibliche ist vom Yin.
Yin aber ist langsam zu erregen
und genauso langsam zu sättigen.
WU HSIEN

3
STEUERUNG
DER
EJAKULATION

In der taoistischen Vorstellung ist der Mann eine Yang-Kraft und besitzt alle Attribute der Männlichkeit. Er ist unbeständiger, aktiver und schneller als die Frau, die die Attribute des Yin, der weiblichen Kraft, besitzt. Sie ist milder, ihre Bewegungen sind ruhiger, aber letzten Endes ist sie stärker. Wenn es in alten Texten darum geht, die relative Stärke von Mann und Frau zu vergleichen, taucht immer wieder die Analogie von Feuer und Wasser auf. Feuer gehört zu Yang, und wenn es auch schnell zu entfachen ist, so wird es doch vom Wasser, einer Yin-Kraft, überwältigt. Das taoistische Denken geht davon aus, daß alle Kräfte in Gegensatzpaaren vorkommen, Feuer und Wasser, Himmel und Erde, Sonne und Mond, Einatmen und Ausatmen, Stoßen und Ziehen usw., und daß jede dieser gegensätzlichen Kräfte zu einer geschlechtlichen Macht – entweder Yin oder Yang – gehört. Obwohl eigenständige Kräfte, sind Yin und Yang doch Teil derselben elementaren Einheit und bedingen sich gegenseitig.

Die Tao-Meister der Liebe benutzten diese Analogien auch, wenn sie körperliche Geschlechtlichkeit erklärten. Der oben zitierte Wu Hsien (ein Tao-Meister der Liebe aus der Han-Zeit, 206 v. Chr. bis 219 n. Chr.) hat vermerkt, worauf seitdem Hunderte von Sexualwissenschaftlern, wenn auch nicht so anmutig, aber genauso nachdrücklich verwiesen haben. Sie stimmen alle darin überein, daß Mann und Frau verschieden schnell erregbar sind und verschieden schnell zur Klimax kommen und die meisten Sexualpartner heute darum bemüht sind, sich aufeinander einzustellen und im wahrsten Sinne des Wortes «zusammen zu kommen».

In *The Goals of Human Sexuality* schreibt Irving Singer: «Frauen hoffen oft, einen Mann zu finden, der zu einem Zeitpunkt ejakuliert, welcher mit ihrem eigenen Orgasmus zusammenfällt; auch für Männer bedeutet diese Simultaneität häufig emotionale Einheit und einen Beweis gegenseitiger Liebe. Und wirklich ist es nicht selten ein Zeichen von Harmonie zwischen zwei Partnern, wenn sie ihre Wünsche und Neigungen aufeinander abstimmen. Gewiß kann man die Entspannung nach dem Orgasmus mehr genießen, wenn der Partner etwa zur gleichen Zeit vollkommen befriedigt ist.»

Selbst im Westen also spielt die Steuerung der Ejakulation eine wichtige Rolle beim Liebesspiel. Das Tao der Liebe hat dem von jeher die größte Bedeutung beigemessen – die alten Taoisten richteten ihr Augenmerk auf jede Einzelheit der Ejakulationssteuerung. Die folgende Passage aus Wu Hsiens Buch mag eine Vorstellung davon vermitteln, welche Ratschläge sie Neulingen erteilten:

44

«1. Dem Anfänger wird geraten, nicht zu erregt oder übertrieben leidenschaftlich zu werden.

2. Der Anfänger sollte sich eine Frau aussuchen, die nicht zu attraktiv und deren Jadepforte nicht zu eng ist. Bei einer solchen Frau lernt er es leichter, sich zu beherrschen. Wenn sie nicht zu schön ist, wird er den Kopf nicht verlieren, und wenn ihre Jadepforte nicht zu eng ist, wird seine Erregung sich in Grenzen halten.

3. Der Anfänger sollte lernen, weich hineinzugehen und hart herauszukommen.

4. Er sollte zunächst die Methode ‹drei flache Stöße und ein tiefer› erproben und in einer Serie einundachtzig Stöße ausführen.

5. Wenn er merkt, daß er etwas erregter wird, sollte er sofort aufhören zu stoßen und seinen Jadeschaft so weit herausziehen, daß er nur etwa bis zu einer Länge von zweieinhalb Zentimetern in der Jadepforte verbleibt [die Verschlußmethode]. Er sollte warten, bis er sich beruhigt hat, und dann von neuem nach derselben ‹Dreimal-flach-und-einmal-tief-Methode› zustoßen.

6. Als nächstes kann er es mit der ‹Fünfmal-flach-und-einmal-tief Me thode› versuchen.

7. Schließlich kann er es mit ‹neunmal flach und einmal tief› versuchen.

8. Beim Erlernen der Ejakulationssteuerung muß Ungeduld vermieden werden.»

Ehe wir damit fortfahren, Neulingen unseren eigenen Rat zu geben, wollen wir uns noch anhören, was Wu Hsien des weiteren zu sagen hat. Im folgenden gibt er eine ausführlichere Erklärung seines Ratschlags, damit der Anfänger nicht nur eine klare Vorstellung davon hat, was er tun, sondern auch, warum er es tun sollte:

«1. Es stimmt, daß man seinen Partner lieben muß, um höchste Lust zu empfinden. Aber wenn man die Steuerung der Ejakulation lernt und übt, muß man sich darum bemühen, gleichgültig zu sein, damit man ruhiger ist.

2. Der Anfänger muß sacht und langsam stoßen, um erst eine Serie von Stößen und später zwei und drei auszuführen. Dann kann er eine Weile aufhören, um sich wieder zu beruhigen. Ein paar Augenblicke später mag er wieder von neuem beginnen.

3. Um seine Partnerin zu befriedigen, muß er liebevoll und zart mit ihr umgehen, damit sie schnell zum Orgasmus kommt. Aber wenn er spürt, daß er bald die Kontrolle über sich verlieren wird, sollte er seinen

Jadeschaft schnell etwas zurückziehen und die ‹Verschlußmethode› anwenden. Auf diese Weise wird er sich wieder beruhigen und dann die Stöße von neuem aufnehmen können. Der Anfänger muß die Stöße langsam und behutsam ausführen.»

Unser eigener Rat für Anfänger lautet nicht viel anders. Mit modernen Begriffen und modernen Erklärungen vorgetragen, klingt er vielleicht etwas anders, aber im Grunde sind die Ratschläge der alten Chinesen wirklich gut.

Ein junger Mann am Beginn seines Liebeslebens sollte sich nach einer Frau umsehen, die ihn wirklich anzieht. Denn anders als bei dem Erlebnis mit einer Prostituierten wird er sich auf die Frau als Persönlichkeit konzentrieren, einige Zeit mit ihr verbringen und sich nicht nur um seine eigene, sondern auch um ihre Befriedigung bemühen. Junge Männer – eigentlich Männer aller Altersstufen –, ganz besonders, wenn sie im Begriff sind, die Beherrschung des Ejakulationsprozesses zu erlernen, sollten Prostituierte meiden.

Es besteht jedoch die Gefahr, daß eine Frau *zu* erfahren ist. Sie könnte etwa eine Verhaltensform beim Liebesakt entwickelt haben, die sie «befriedigt». Es könnte zum Beispiel sein, daß sie nicht befriedigt ist, wenn der Mann nicht ejakuliert. Vielen Frauen ist der Irrglaube eingeredet worden, ein Mann sei nicht wirklich erregt gewesen, wenn er nicht ejakuliert habe. Die Gelehrten streiten sich noch darüber, ob die Forderung einiger Frauen nach Ejakulation körperlich oder seelisch bedingt ist. Eine Frau, die glaubt, daß sie einen Mann zum Ejakulieren bringen muß, wird alles mögliche versuchen, ihn dahin zu bringen. Wahrscheinlich wird sie ihn fellieren, und kaum ein Mann kann dem Schlecken ihrer Zunge und dem tiefen, sanften Saugen an seinem Phallus widerstehen.

Die alten Taoisten sahen immer eine Gefahr in der Fellatio, besonders für Neulinge. Obwohl Fellatio – wie auch Cunnilingus – als wichtiger Teil des Vorspiels galt, bestand immer die Gefahr einer daraus resultierenden unkontrollierten Ejakulation. Bei ihrer Erforschung der erotischen Kunst Chinas machten die Kronhausens eine interessante Entdeckung: «Es gibt relativ wenige Darstellungen der Fellatio; obwohl ein anerkannter Teil des Vorspiels, bringt sie die Gefahr mit sich, daß der Mann außerhalb der Vagina ejakuliert. Cunnilingus dagegen ist häufiger dargestellt, da dies von jeher als bewährte Möglichkeit angesehen wurde, die kostbare Yin-Substanz von der Frau zu erlangen.»[1]

Die wahre Freude des Liebens ist eine Ekstase zweier Körper und Seelen, die sich in einem seligen Gefühl vereinigen. Findet ein Mann seine ideale Partnerin, muß er versuchen, sie ekstatisch und innig zu lieben.

In einem Interview hat William Masters einmal gesagt, er vermeide es, das Wort «Liebe» zu benutzen, weil es für verschiedene Menschen verschiedene Dinge bedeute und er sich nicht auf semantische Fragen einlassen wolle. Ich bin ein treuer Bewunderer von William Masters' und Virginia Johnsons Forschungsarbeit und Büchern, aber in diesem Punkt stimme ich nicht ganz mit ihnen überein. Anhänger des Taos der Liebe glauben, daß Liebe und Sexualität nicht getrennt werden sollten. Liebe ohne Sex ist frustrierend und ungesund, es fehlt die unentbehrliche Harmonie zwischen Yin und Yang, die dem Leben Ruhe und Heiterkeit verleiht. Andererseits ist Sex ohne Liebe bloß eine körperliche Verrichtung, welche uns dem gemeinsamen Seelenfrieden, den wir alle brauchen, nicht näher bringt. In diesem Buch wird das Wort «Liebe» genauso häufig wie das Wort «Sex» benutzt (oder noch häufiger), in dem Bemühen, die weitverbreitete, einseitige Vorstellung von Sex und Orgasmus zu korrigieren.

Sex und Orgasmus allein mögen Freuden sein, aber aus unserer Sicht sind es keine ekstatischen Freuden, wie man sie erleben kann, wenn Liebe und Sex vereint sind. Zum Beispiel gibt es Frauen, die zum Orgasmus kommen können, indem sie einfach beim Sitzen die Beine übereinanderschlagen und pressen (manche können das ein dutzendmal am Tag). Aber verschafft ihnen das wirklich besondere Lust? Wenn eine Frau ein befriedigendes Liebesleben hat, wird sie es kaum vorziehen zu masturbieren. Masturbation ist der pure Sex – ohne Wärme, Gefühl, Kommunikation oder Harmonie zwischen Yin und Yang. Ebenso sollte ein Mann sich, wenn er mit einer Frau schläft, nicht so verhalten, als onaniere er. Nichts frustriert oder enttäuscht eine Frau mehr als wenn sie merkt, daß es ihrem Partner nur um seine eigene Ejakulation zu tun ist. Liebe sollte eine echte Vereinigung der Geschlechter sein. Statt eines Austauschs von Zärtlichkeit und Freude ist Sex für viele Männer bloß ein mechanischer Akt, der sich nicht von der Onanie unterscheidet, als ob die Frau gar nicht existiere. Das, was dabei herauskommt, kann für die Beteiligten nur eine Enttäuschung sein. Manche Männer glauben vielleicht, daß sie befriedigt sind. Aber in Wirklichkeit haben sie nie erfahren, was echtes, lustvolles Lieben ist, und sie wissen auch nicht, daß sie die Yin-Yang-Harmonie verpaßt haben.

Aber was ist echtes, lustvolles Lieben? Man könnte sagen, es ist wie die Freude, die man empfindet, wenn man unter der Blütenfülle des Frühlings in einem Gebirgstal sitzt. Oder im Angesicht des glitzernden, grenzenlosen Pu-yang-Sees unter dem majestätischen Wasserfall von Lu-shan schwimmt oder in den Bergen nach dem Regen dem Flötenkonzert der Drosseln bei Sonnenuntergang zuhört. Es geht uns hier darum, jungen Liebhabern zu sagen, daß sie versuchen sollen, die Fähigkeit zu entwickeln, auf poetische und ekstatische Weise zu lieben. Wenn sie diese wahre Freude des Liebens erst einmal erlebt haben, werden sie sich nie mehr mit weniger zufriedengeben, und alle kleinlichen und häßlichen Gedanken werden sie für immer verlassen.

Aber wie fängt der Anfänger an? Indem er seine Sinne schärft und seine Fähigkeiten entfaltet – Berühren, Schmecken, Sehen, Hören, Reden und Fühlen. Wenn er versucht, sich dieser Fähigkeiten so ausgiebig wie möglich zu bedienen, wird er seiner Partnerin viel Freude bereiten – und sie ihm. Er muß lernen, daß Frauen genau wie Männer gelobt und anerkannt werden wollen, besonders während des Liebesaktes. Auf diese Weise lernt er nicht nur ekstatisch zu lieben, sondern auch seinen Geist von der Beschäftigung mit der Ejakulation abzulenken.

Manche Fachleute empfehlen eine Art übertriebener Lässigkeit während des Beischlafs, um die Ejakulation hinauszuzögern. Sie geben Männern den Rat, an Politik oder Geschäfte zu denken oder sogar ganz aufzuhören und eine Zigarette zu rauchen. Dies mag zwar die Ejakulation tatsächlich hinauszögern, aber zur Ekstase kommt man dabei nicht, genausowenig wie zur Harmonie mit der Partnerin, die seine Geistesabwesenheit gewiß verabscheuen wird – und mit gutem Grund. Es gibt viele andere angenehme Dinge, an die ein Mann denken kann – an ihr Haar, an die Weichheit ihrer Haut, an den geheimnisvoll verführerischen Geruch und an die Linien ihres Körpers, an ihre duftenden feuchten Lippen und an ihre Zunge und an die noch feuchteren Lippen ihres *yü-men*.

Früher oder später wird ein gesunder Mann jedoch an den kritischen Punkt kommen, an dem er ejakulieren möchte. Was sollte er dem Tao zufolge dann tun?

Es wird behauptet, daß es jungen Männern zwischen sechzehn und achtzehn, in der fruchtbarsten Zeit ihres Lebens, sehr schwer falle, ihre Ejakulation zu beherrschen, aber dies beruht teilweise auf einem Irrtum. Es gibt einige Maßnahmen, die sie ergreifen können, wenn sie spüren, daß die Ejakulation bevorsteht.

Die Verschlußmethode

Die älteste und wahrscheinlich beste und einfachste Methode ist die von den alten Chinesen angewandte und von Wu Hsien anschaulich beschriebene:

«1. Die Verschlußmethode ist dasselbe, wie wenn man den Gelben Fluß mit der Hand anzuhalten versuchte. Ein heftiger Mann wird mehr als dreißig Tage Übung brauchen, um sie zu erlernen. Ein sanfter Mensch kann sie viel schneller lernen, gewöhnlich reicht die Hälfte der Zeit aus. Wer die Methode einen Monat lang sorgfältig studiert, dessen kostbarer Schatz [der Samen, das *ching*] wird ziemlich sicher sein.

2. Die Verschlußmethode hat den Vorteil, daß ihre Anwendung einfach ist. Zum Beispiel kann ein Mann, während er nach dem Schema dreimal flach und einmal tief stößt, Augen und Mund schließen und tief, aber sachte durch die Nase atmen, damit er nicht anfängt zu keuchen. Wenn er das Gefühl hat, daß er bald die Beherrschung verliert, kann er das Becken mit einer einzigen schnellen Bewegung anheben, seinen Jadeschaft ein paar Zentimeter herausziehen und in dieser Stellung verharren, ohne sich zu bewegen. Dann kann er tief durch das Zwerchfell atmen und gleichzeitig den Unterleib zusammenziehen, wie wenn er Harndrang verspürt. Dadurch, daß er daran denkt, wie wichtig es ist, daß er sein *ching* hütet und nicht wahllos verschwendet, wird er sich, tief atmend, bald beruhigen. Dann kann er seine Stöße wiederaufnehmen.

3. Wichtig ist, daß er sich zurückzieht, wenn er gerade angefangen hat, erregt zu sein. Wenn er sich erst zurückzieht, nachdem er bereits sehr erregt ist, und dann versucht, sein *ching* zurückzuzwingen, wird das *ching* nicht wiederkommen und statt dessen in seine Blase oder sogar in seine Nieren gehen. Wenn das geschieht, kann es zu Schmerzen in Blase und Dünndarm und geschwollenen und schmerzenden Nieren kommen.

4. Zusammenfassend ist zu sagen, daß die Verschlußmethode ausgezeichnet ist, daß man sie aber anwenden muß, wenn man gerade anfängt, erregt zu sein. Es ist viel besser, sich zu früh zurückzuziehen als zu spät. Wenn der Mann diese Methode anwendet, ist er in der Lage, den Erguß recht bequem zu steuern, ohne seinen Jadeschaft erschlaffen zu lassen. Er kann auf diese Weise Energie sparen und wird sich herrlich gelassen fühlen. Aber er sollte sein *ching* nicht ergießen, bevor er mindestens fünftausend Stöße getan hat. Wenn er die Verschlußmethode mit der tiefen Zwerchfellatmung verbindet, ist seine Ausdauer fast unbegrenzt. Dann wäre es ihm sogar möglich, zehn Frauen an einem Abend zu befriedigen.»

Die moderne Verschlußmethode

In die Sprache von heute übersetzt, ist Wu Hsiens Verschlußmethode wirklich ganz einfach. Wenn ein Mann spürt, daß er zu sehr erregt wird, zieht er seinen Penis einfach zehn bis dreißig Sekunden lang heraus. Auf diese Weise wendet er die Gefahr der Ejakulation ab, wobei er nur zehn bis dreißig Prozent seiner Erektion verliert. Danach kann er von neuem eindringen und seine Stöße wiederaufnehmen. Er kann dies beliebig oft wiederholen. Je mehr Erfahrung er besitzt, desto seltener wird er sich zurückziehen müssen; schließlich sollte es nur noch in Ausnahmefällen nötig werden. Das Erfolgsgeheimnis der Verschlußmethode besteht darin, zu merken, wann es bald soweit ist, daß man die Ejakulation nicht mehr unter Kontrolle halten kann. Masters und Johnson nennen dies «das Stadium der unvermeidbaren Ejakulation». Wir nennen es einfacher «the point of no return», den Augenblick, in dem es kein Zurück mehr gibt. Diesen Augenblick erkennen zu lernen ist äußerst wichtig – nicht nur im Hinblick auf Ejakulationskontrolle, sondern auch für den Fall, daß beide Partner übereinkommen, eine Schwangerschaft durch Unterbrechung zu verhüten.

Masters' und Johnsons «Squeeze Technique»

In ihrem Buch *Impotenz und Anorgasmie*[2] empfehlen Masters und Johnson eine «Squeeze Technique», die in erster Linie dazu dient, Männern zu helfen, die an vorzeitiger Ejakulation leiden. Erfahrene Paare können diese Technik genauso wirksam als Ejakulationskontrolle anwenden. Wir sagen «erfahrene Paare», weil es eine ziemlich komplizierte Technik und schwerer zu erlernen ist als die chinesische «Druck-Technik», die wir vorziehen. Wie auf Seite 24 ausgeführt, kann die Methode von Masters und Johnson nur angewandt werden, wenn die Partnerin sich in der Frau-oben-Position befindet. Der Mann muß ihr sagen, wenn er zu stark erregt wird. Sie erhebt sich daraufhin schnell vom Penisschaft und übt mit den Fingern drei oder vier Sekunden lang Druck auf die Penis-Eichel aus. Durch den Druck verliert der Mann den Drang zu ejakulieren. Er kann dabei bis zu dreißig Prozent seiner Erektion verlieren. Nachdem sie den Penis losgelassen hat, muß die Frau weitere fünfzehn bis dreißig Sekunden warten, bevor sie ihn wieder in ihre Scheide einführt und von neuem mit dem Stoßen beginnt. Sie kann das im Laufe eines Koitus mehrmals wiederholen.

51

Für erfahrene Paare ist dies ein ausgezeichnetes Kommunikations- und Koordinationstraining. Aber für Neulinge gibt es zwei Schwierigkeiten. Erstens muß die Frau wissen, wie man einen weich gewordenen Penis wieder einführt. Das ist gar nicht so einfach. Wenn sie zu lange herumprobieren muß, verliert der Penis womöglich auch den letzten Rest von Festigkeit. Und zweitens ist das Paar vielleicht nicht immer in der Lage, die Frau-oben-Position einzunehmen. Bei dieser Position ist es erforderlich, daß der Mann eine volle Erektion erreicht und behält. Viele Männer haben damit Probleme.

Die alte chinesische Druck-Technik

Die alten Chinesen verordneten auch eine Druck-Technik, die jedoch viel einfacher als die von Masters und Johnson ist. Sie kann in fast jeder Stellung angewandt werden, wobei der Mann selbst den Druck ausübt, und zwar drückt er etwa drei oder vier Sekunden lang mit Zeige- und Mittelfinger der linken Hand auf den «Damm» zwischen Hodensack und After. Gleichzeitig atmet er einmal tief durch. Diese Methode hat verschiedene Vorteile. Erstens natürlich den, daß der Mann den Penis nicht herauszuziehen braucht. Zweitens geht keine Zeit damit verloren, daß er sich der Frau verständlich machen muß. Und drittens braucht er seiner Partnerin überhaupt nichts zu sagen. Viele Männer werden diese Methode wahrscheinlich schon deshalb vorziehen, weil sie mit dieser Hilfe ihre Probleme niemandem anvertrauen müssen.

Rat für erfahrenere Männer

Gewöhnlich fällt die Steuerung der Ejakulation älteren Männern leichter als jungen. Das Hauptproblem eines älteren Mannes ist dagegen, sich von der Vorstellung freizumachen, er müsse bei jedem Koitus ejakulieren. Die vielen Jahre, in denen er sich bewußt oder unbewußt daran gewöhnt hat, machen es allerdings nicht ganz leicht, sich diese Fehlhaltung wieder abzugewöhnen. Wenn ihm das jedoch gelungen ist, wird es ihm bei ein bißchen Übung ein leichtes sein, zwanzig Minuten lang zu koitieren. Es sei aber ausdrücklich darauf hingewiesen, daß die Selbstbefreiung von dem Gespenst des «Ejakulationszwanges» einer bewußten Anstrengung bedarf.

Anstatt sich mit den Schwierigkeiten beim Erlernen der Ejakulationskontrolle aufzuhalten, wäre es für den älteren Mann vielleicht besser, sich ihre Vorteile vor Augen zu führen. Zunächst einmal wird er natürlich in der Lage sein, viel häufiger und viel länger zu lieben. Und er wird merken, daß seine Partnerin dies viel mehr genießt. Zudem hat er Gelegenheit, viele Freuden zu entdecken, die bei eiligen Unternehmungen nicht wahrgenommen werden können. Er kann ihren persönlichen Geruch und Geschmack entdecken. Noch wichtiger aber ist vielleicht die besondere Konsistenz, der Geruch und Geschmack ihrer natürlichen Körpersäfte und geheimen Sekrete.

Ejakulationshäufigkeit

Wenn ein Mann älter wird, sollte die Häufigkeit der Ejakulationen abnehmen. Mit anderen Worten, es sollte bei derselben Anzahl von Akten weniger ejakuliert werden. Er kann so oft am Tag oder in der Woche lieben wie er will, aber wenn er über fünfzig ist, sollte er nicht mehr als ein- oder zweimal in der Woche ejakulieren. Dies gilt auf jeden Fall, gleichgültig, wie oft er koitiert oder wie kräftig er körperlich ist.

Tao-Meister der Liebe hielten das Einbehalten des Samens[3] und die Steuerung der Ejakulation für wichtige Maßnahmen auf dem Weg zu einem langen Leben. In Chang Chans Buch *Prinzipien der Lebensverlängerung* aus dem siebten Jahrhundert werden etliche Methoden zur Verlängerung der Lebenszeit abgehandelt, darunter die von dem Tao-Meister Liu Ching empfohlenen Anweisungen zur Steuerung der Ejakulation:

«Im Frühling kann ein Mann sich einmal alle drei Tage einen Erguß erlauben. Im Sommer und Herbst zweimal im Monat. Im kalten Winter sollte man Samen sparen und sich überhaupt nicht ergießen. Wer im Winter Yang-Substanz ansammelt, ist auf dem Weg zum Himmel, und der Mann, der sich an diese Richtlinien hält, wird ein langes Leben haben. Ein Erguß im kalten Winter ist hundertmal schädlicher als im Frühling.»

Die Bewahrung von Yang-Substanz stärkt die Yang-Kraft im Mann und bringt ihn dem Himmel näher. Es ist wichtig, daß er seine Yang-Substanz ständig mit Yin-Substanz nährt. Aus diesem Grunde betonen fast alle alten taoistischen Texte, wie wichtig es ist, häufig zu koitieren und selten zu ejakulieren. Je häufiger man liebt, desto mehr Nutzen zieht man aus der Harmonie zwischen Yin und Yang. Und je seltener man ejakuliert, desto weniger geht einem von der Wohltat dieser Harmonie verloren. In *Die Geheimnisse der Jadekammer* gibt es einen Dialog zu diesem Thema zwischen dem Gelben Fürsten und dem Einfachen Mädchen:

Der Gelbe Fürst: «Ich wünsche zu hören, welchen Vorteil es hat, häufig der Liebe zu pflegen, doch selten sich zu ergießen.»

Das Einfache Mädchen: «Wenn ein Mann einmal liebt, ohne seinen Samen preiszugeben, wird das seinen Körper kräftigen. Wenn er zweimal liebt, ohne ihn preiszugeben, werden seine Augen und Ohren besser arbeiten. Beim dritten Mal verschwinden alle Krankheiten. Beim vierten Mal wird er den Frieden der Seele finden. Beim fünften Mal werden Herz- und Blutkreislauf neu belebt. Beim sechsten Mal werden seine Lenden gestärkt. Beim siebten Mal werden Gesäß und Schenkel gekräftigt. Beim achten Mal wird seine Haut zart. Beim neunten Mal wird er ein langes Leben erreichen. Beim zehnten Mal wird er sein wie ein Unsterblicher.»

Wie viele alte taoistische Texte ist auch dieser eine dichterische Übertreibung und nicht wörtlich zu nehmen. Die Übertreibung diente dem Autor nur dazu, das, was er sagen wollte, zu unterstreichen – daß ein Mann sparsam mit seinem Samen umgehen soll, indem er seine Ejakulation beherrscht.

Individuelle Verschiedenheiten

Es gibt keine ideale Häufigkeit, die für jedermann gilt. Die Menschen unterscheiden sich ja nach ihrer Größe, Kraft und Vitalität, die eine wichtige Rolle bei der Bestimmung der individuellen Häufigkeit spielen. Es gibt jedoch eine recht einfache Möglichkeit, die jedem einzelnen angemessene Ejakulationshäufigkeit zu bestimmen. Wenn ein fünfzigjähriger Mann sich erschöpft fühlt, wenn er alle drei Tage ejakuliert, dann sollte er es nur einmal wöchentlich tun. Wenn ihm auch das noch zuviel ist und er einige Zeit braucht, bis er nach seiner einen Ejakulation pro Woche wieder voll zu Kräften kommt, sollte er den zeitlichen Abstand zwischen seinen Ejakulationen noch weiter ausdehnen. Die für ihn richtige Häufigkeit läßt sich daran erkennen, daß er sich nach dem Erguß glücklich und beschwingt fühlt. Er wird sich eher wie ein Falke in den Lüften als wie ein Kanarienvogel im Käfig fühlen. Es sei jedoch daran erinnert, daß er, gleichgültig wie oft er ejakuliert, versuchen sollte, einmal, und wenn möglich, zwei- oder dreimal am Tag zu lieben. Er kann sich das Ammenmärchen, dem zufolge der Beischlaf für ältere Männer schädlich sein soll, ruhig aus dem Kopf schlagen. Wenn der Arzt ihm nicht einen triftigen Grund zur Abstinenz genannt hat, werden er und seine Partnerin um so mehr Nutzen aus der Harmonie zwischen Yin und Yang ziehen, je häufiger sie sich lieben.

Zu seltenes Ejakulieren

Es kann natürlich vorkommen, daß ein Mann ins andere Extrem verfällt und nicht oft genug ejakuliert. Auch das ist eine Frage des gesunden Menschenverstandes. Fast jeder Mann wird beim Erlernen der Ejakulationskontrolle Unbehagen oder Druck im Hodensack verspüren. Dies kann auf Einbildung beruhen, und wenn er bei jedem dritten Koitus ejakuliert und sich immer noch unwohl fühlt, dann handelt es sich wahrscheinlich um Einbildung. Umgekehrt, wenn er eine Woche lang jeden Tag ein- oder zweimal liebt, ohne zu ejakulieren, und einen gewissen Druck verspürt, dann wird es höchste Zeit, daß er es zu einer Ejakulation kommen läßt. In Ausnahmefällen können Müdigkeit oder Mattheit auch Symptome dafür sein, daß ein Mann eher zu selten als zu häufig ejakuliert. Wenn eines dieser beiden Anzeichen auftritt, nachdem er einige Wochen lang nicht ejakuliert hat, sollte er versuchen, ein wenig häufiger zu ejakulieren.

Niemand sollte sich zum Sklaven eines bestimmten Ejakulations-Solls machen. Die Häufigkeit hängt auch von äußeren Faktoren ab. Wenn ein Mann in einer Woche besonders schwer arbeiten muß, hat er vielleicht das Bedürfnis, seltener zu ejakulieren. Wenn er im Urlaub ist, möchte er vielleicht häufiger ejakulieren.

Wenn man beim Erlernen der Ejakulationskontrolle in der ersten Zeit einen Druck in den Hoden verspürt, so ist dies kein Grund zur Beunruhigung. Viele Männer bekommen es dann gleich mit der Angst zu tun und geben auf. Ejakulationskontrolle ist eine Geschicklichkeitssache wie jede andere und muß also geübt werden. Wenn man sie erst einmal ganz beherrscht, wird der Körper sich daran gewöhnen, und es wird die natürlichste Sache von der Welt sein.

Vorzeitige Ejakulation?

Dies ist ein verwirrender Begriff für ein weitverbreitetes Leiden – die Ejaculatio praecox. Aber was auch immer damit gemeint sein soll – das Tao der Liebe kann es kurieren. Mit Hilfe der Verschlußmethode oder der Druck-Technik läßt sich die Kontrolle lernen.

Über das Thema der vorzeitigen Ejakulation ist viel geschrieben worden. Umfassende Untersuchungen über die menschliche Sexualität haben auch dieses Gebiet aufgeklärt und Maßstäbe dafür aufgestellt, wann eine «vorzeitige Ejakulation» vorliegt. Kinsey zum Beispiel war der Ansicht, daß immer dann eine vorzeitige Ejakulation vorliegt, wenn der Mann seinen Penis nicht länger als zwei Minuten in der Vagina halten kann, ohne einen Orgasmus zu haben.[4] Masters und Johnson meinen, daß ein Mann an vorzeitiger Ejakulation leidet, «wenn es ihm nicht gelingt, den Ejakulationsprozeß nach der Immissio penis so lange zu beherrschen, daß zumindest in fünfzig Prozent der Fälle die Partnerin sexuell befriedigt wird».[5] Mit anderen Worten: Wenn die Frau weniger als halb so oft wie ihr Partner befriedigt ist, dann leidet ihr Partner an vorzeitiger Ejakulation. Im alten China wäre diese Rechnung nicht akzeptiert worden. Aus der Sicht der Tao-Meister der Liebe muß jeder Mann, der nicht *jedes Mal* warten kann, bis seine Partnerin vollkommen befriedigt ist, noch etwas dazulernen.

Es liegt auf der Hand, daß «vorzeitige Ejakulation» kein präziser Begriff ist und nicht kritiklos gebraucht werden sollte. Fast jeder junge Mann beginnt sein Geschlechtsleben mit schnellen, unkontrollierten Ejakulationen. Er ist erregt, unerfahren, und es gibt niemanden, der ihn anleiten könnte – besonders, wenn seine Partnerin noch eine Jungfrau ist. Es ist sehr schwer für einen unerfahrenen Mann, die Ejakulation zu beherrschen, wenn er einem jungen Mädchen beiwohnt, das eine enge Scheide hat.

4
EINTAUSEND
LIEBENDE
STÖSSE

Wenn es darum geht, die verschiedenen Stile des Stoßens zu erklären, gibt es keinen größeren Meister im Tao der Liebe als Li Tung-hsüan, einen Arzt aus dem siebten Jahrhundert. In seinem Buch *Tung-hsüan-tzu* geht er ausführlich auf Stoßtechniken ein. Sieben von sechzehn Kapiteln behandeln die Stöße des Penis. Das *Tung-hsüan-tzu* kennt sechs Stile:

«1. Tauche den Jadeschaft ein, bewege ihn vor und zurück und dringe in die Jadesubstanz ein wie einer, der eine Auster öffnet, um an die funkelnde Perle heranzukommen. Dies ist der erste Stil.

2. Stoße zur Jadesubstanz hinab und komme bei der Goldenen Furche [Klitoris] wieder heraus, wie einer, der Steine anritzt, um herrliche Jade zu finden. Dies ist der zweite Stil.

3. Er stößt mit seinem Jadeschaft hart an der Goldader [Klitoris] vorbei, wie ein eiserner Stößel in den Mörser stampft. Dies ist der dritte Stil.

4. Er bewegt seinen Jadeschaft hinein und heraus und pocht dabei an die linke und die rechte Wand der Halle der Prüfung [Vorhof der Scheide] wie ein Schmied, der Eisen mit seinen fünf Hämmern formt. Dies ist der vierte Stil.

5. Er treibt seinen Jadeschaft mit kurzen, langsamen Stößen in die Scheide hinein wie ein Bauer, der Pflanzlöcher in den Erdboden bohrt. Dies ist der fünfte Stil.

6. Der Jadeschaft und die Jadepforte prallen aufeinander wie die Schneemassen zweier Lawinen. Dies ist der sechste Stil.»

Die Taoisten verwendeten viel Zeit darauf, den Stil und die Tiefe der Stöße zu studieren, und zwar nicht nur zu ihrem Vergnügen. Der Grund dafür war, daß man kaum von der Vereinigung von Yin und Yang seinen Nutzen haben konnte, wenn man das Stoßen nicht recht verstand. Für den Taoisten gleicht der Koitus dem Versuch, elektrische Energie zu erzeugen. Ohne die richtige Reibung entsteht nicht ein einziger Funken. Westliche Gelehrte haben übersehen, wie wichtig die Taoisten das richtige Stoßen nahmen. In seinem Buch *Die vollkommene Ehe* kam van de Velde zu dem Schluß, das Tao der Liebe sei eine passive Technik, und verglich es mit dem von Marie Stopes beschriebenen Karezza-Stil. Und das war natürlich grundfalsch!

Das Tao riet nicht nur dazu, diese verschiedenen Stile des Stoßens unbedingt anzuwenden, sondern empfahl auch eine bestimmte Anzahl von Stößen für einen idealen Koitus. In alten Texten ist oft davon die Rede, daß es «eintausend liebender Stöße» bedarf, um eine Frau wirklich zu befriedigen. Natürlich besteht die Gefahr, daß jemand solche Zahlenangaben zu wört-

lich nimmt, und für Männer, die das Tao der Liebe nicht kennen, klingen
«eintausend liebende Stöße» vielleicht mehr nach harter Arbeit als nach
Liebeslust. Aber jeder, der das Tao der Liebe meistert, weiß, daß es alles
andere als harte Arbeit ist – ganz im Gegenteil.[1] Und das Bewußtsein, seine
Partnerin so vollkommen befriedigen zu können, läßt den Mann besondere
Lust empfinden. Das Wissen, auch die wollüstigste Frau befriedigen zu
können, steigert das Selbstvertrauen eines Mannes ganz ungemein.

Wenn man liest, was moderne westliche Schriftsteller zum Thema Sex zu
sagen haben, erscheint die Vorstellung von «eintausend liebenden Stößen»
revolutionär. Zum Beispiel rät David Reuben in seinem vielgelesenen Buch
Alles, was Sie immer schon über Sex wissen wollten: «Ein vernünftiger Maß-
stab männlicher Potenz ist die Fähigkeit, den Geschlechtsverkehr fünf bis
zehn Minuten lang aufrechtzuerhalten. In diesem Zeitraum wird ein durchschnittlich potenter Mann fünfzig bis hundert Beckenstöße ausführen.»

Und auf der nächsten Seite desselben Buches heißt es: «Essen und Sex
sind sich sehr ähnlich. Beim Essen ist der erste Bissen der schmackhafteste,
die erste Portion die appetitanregendste. Die dritte Portion Erdbeerspeise
schmeckt einfach nicht mehr so gut wie die erste. Der dritte Verkehr an einem Abend ist mehr etwas für die Rekordtabellen als zum Vergnügen der
Beteiligten.»

Das, was in dem ersten dieser beiden Zitate gesagt wird, ist wahrscheinlich zutreffend, sofern es sich um Männer handelt, die das Tao der Liebe
nicht kennen. Recht zweifelhaft ist dagegen das zweite Zitat. Zumindest auf
eine erotisch erweckte Frau trifft es bestimmt nicht zu. Und genausowenig
auf einen Mann, der das Tao kennt. Wenn ein Mann das Tao der Liebe meistert und seine Partnerin wirklich liebt, wird er es beim dritten Mal sogar
noch mehr genießen als beim ersten Mal. Wenn wir, wie Dr. med. Reuben,
Sex mit Essen vergleichen wollen, können wir sagen, daß der erste Koitus
wie das Horsd'œuvre ist: Auch wenn es noch so geschmackvoll und saftig
ist, regt es doch nur den Appetit auf das Hauptgericht an. Wenn aber ein
Mann das Tao beherrscht, wird er feststellen, daß er eine vierte oder fünfte
Portion möchte . . . Mit den Worten der alten Chinesen: Er wird das Gefühl haben, «als ob er nie genug von ihr bekommen könnte». Dies gilt erst
recht für Frauen.

Die Leistungsfähigkeit
des Mannes läßt sich um ein Vielfaches steigern

Möglichst lang ausgedehnter Geschlechtsverkehr bereitet nicht nur der Frau viel mehr Genuß, sondern ist auch für den Mann höchst befriedigend. Natürlich sind die von Havelock Ellis in seinen *Sexualpsychologischen Studien* angegebene Dauer (fünf Viertelstunden) und die von den Meistern des Taos empfohlene Anzahl von Stößen (eintausend) nur Anhaltspunkte. Kein Koitus ist so fixiert und mechanisch, daß er genau abgemessen werden könnte. Es wird hier nicht geraten, daß man jedesmal, wenn man mit jemandem ins Bett geht, den Wecker stellt oder eine Stoppuhr laufen läßt. Die genannten Zahlen sollen nur verdeutlichen, welche sexuelle Leistungsfähigkeit ein Mann mit Hilfe des Taos erreichen kann. Wenn ein Mann das Tao der Liebe vollkommen beherrscht, kann er ohne weiteres eine Stunde und fünfzehn Minuten oder sogar länger lieben oder, wenn er eine geeignete Partnerin für ein so starkes Erlebnis findet, eintausend liebende Stöße vollführen. Natürlich sind nicht alle Frauen zu einem so feurigen Liebeswerk bereit. Selbst Paare, die gut zusammenpassen und ausgesprochen sexfreudig sind, wollen diese Art des intensiven Koitierens nicht jeden Tag. Die Liebe ist dann am besten, wenn sie am wandlungsfähigsten ist. Was zählt, ist, daß ein Mann, der das Tao der Liebe einmal beherrscht, seine Partnerin oder sich selbst nie mehr enttäuschen wird.

Die verschiedenen Arten zu stoßen

Das taoistische Stoßen unterscheidet sich von der üblichen westlichen Methode. Unter den richtigen Umständen und mit einer entsprechenden Partnerin können Schüler des Taos mit erstaunlicher Ausdauer und Vitalität stoßen. Wenn die Partner sich wirklich zueinander hingezogen fühlen und einer den Körper des anderen genau kennt, können sie zu einer geradezu unwahrscheinlichen Übereinstimmung gelangen. Ein einzelner Koitus kann außerordentlich lange dauern und häufig und kraftvoll wiederholt werden, bis beide Partner vollkommen befriedigt sind. Dies ist ein Grund, warum das Tao Wert auf *verschiedene Arten* zu stoßen legt. Wenn der Phallus sich immer auf dieselbe Art hinein und heraus bewegt, kann ein lange dauernder Koitus ermüdend werden. Aber wenn ein Mann es gelernt hat, Stöße und Stellungen zu variieren, wird ein langer Liebesakt höchst reizvoll. Und es ist keine übertriebene Behauptung, daß eine Vereinigung ein um so stärkeres Erlebnis ist, je mehr Zeit der Mann sich läßt.

Im *Tung-hsüan-tzu* wird poesievoll beschrieben, wie die verschiedenen Stöße bei einem lang währenden Liebesakt sein sollten:

«Tiefe und flache, langsame und rasche, gerade und schräge Stöße sind keineswegs alle von gleicher Wirkung, sondern von sehr unterschiedlicher Wirkung und Eigenschaft. Ein langsamer Stoß sollte der zuckenden Bewegung eines Karpfens ähneln, der mit dem Angelhaken spielt; ein rascher Stoß dem Schwingenschlag eines Vogels, der gegen den Wind fliegt. Eindringen und herausziehen, auf und ab bewegen, von links nach rechts, mit Pausen oder in rascher Folge, all das sollte im Zusammenspiel geschehen. Man sollte alles zur rechten Zeit anwenden und nicht aus Bequemlichkeit eigensinnig an einer Methode festhalten.»

Im weiteren Verlauf werden neun Arten zu stoßen beschrieben:

«1. Verteile Streiche nach rechts und nach links wie ein tapferer Krieger, der durch die feindlichen Linien zu brechen sucht.

2. Bäume dich auf wie ein wildes Pferd, das einen Fluß durchquert.

3. Zieh ihn heraus und stoße ihn hinein wie Seemöwen, die auf den Wellen spielen.

4. Stoße im raschen Wechsel tief hinein, dann neckend flach wie ein Spatz, der die Reisreste in einer Schale aufpickt.

5. Stoße abwechselnd tief und flach wie ein riesiger Stein, der ins Meer sinkt.

6. Dringe langsam ein wie eine Schlange, die zum Überwintern in ein Loch gleitet.

7. Stoße rasch zu wie eine verängstigte Ratte, die sich in ein Loch flüchtet.

8. Verharre und stoße dann zu wie ein Adler, der einen flüchtenden Hasen fängt.

9. Erhebe dich und tauche dann in die Tiefe wie ein Segelschiff, das dem Sturm trotzt.»

Wenn der Mann so mit verschiedener Geschwindigkeit und Intensität und unterschiedlich tief stößt, bereichert dies die Lust um mancherlei Nuancen und steigert den Genuß von Mann und Frau. Die Abwechslung kann dem Mann auch dazu dienen, seine Ejakulation zu beherrschen und seinen Phallus entsprechend lange steif zu halten.

Genauso wie es verschiedene Arten zu stoßen empfiehlt, rät das Tao der Liebe auch zu unterschiedlich tiefen Stößen. Wenden wir uns wieder einmal einem Dialog zwischen dem Gelben Fürsten und seiner Beraterin Su-nü zu. Hier schildert sie die erotisch und anschaulich benannten Tiefen der Scheide:

Der Gelbe Fürst: «Wenn man die Tiefe der Stöße bei der Vereinigung von Mann und Frau nicht richtig zu steuern weiß, wird man außerstande sein, den größtmöglichen Genuß daraus zu ziehen. Ich wünschte, du könntest mir das im einzelnen erklären.»

Su-nü: «Der Mann muß die Bedürfnisse seiner Frau beachten und gleichzeitig sein *ching* [Samen] hüten, das er nie leichtfertig vergießen sollte. Zuerst sollte er die Hände reiben, um sie zu wärmen, und seinen Jadeschaft fest umgreifen, und dann sollte er die Methode ‹flaches Ziehen› und ‹tiefes Stoßen› anwenden. Je länger er stoßen kann, desto mehr werden die Partner es genießen. Der Stoß darf weder zu schnell noch zu langsam sein. Auch darf er nicht zu tief stoßen, sondern muß sich zurückhalten, denn er könnte seine Partnerin verletzen. Versuche es mit einigen Stößen zur ‹Lautensaite› und dann mit einigen kraftvollen zu den ‹Wassernußzähnen›. Wenn die Frau den Höhepunkt ihrer Lust erreicht, wird sie unbewußt die Zähne zusammenbeißen. Sie schwitzt, und ihr Atem geht schneller. Ihre Augen sind geschlossen, und ihr Gesicht ist heiß. Ihr Organ öffnet sich weit, und das Naß fließt in Strömen. Das ist ein Zeichen für den Mann, daß sie es sehr genießt. Auch sollten Eure Majestät wissen, daß die Tiefe der Scheide acht Namen hat. So heißen die acht Täler:

1. Lautensaite, die zweieinhalb Zentimeter tief liegt.
2. Wassernußzähne, fünf Zentimeter tief.
3. Kleiner Bach, siebeneinhalb Zentimeter tief.
4. Schwarze Perle, zehn Zentimeter tief.
5. Talmitte, zwölfeinhalb Zentimeter tief.
6. Tiefe Kammer, fünfzehn Zentimeter tief.
7. Innere Tür, siebzehneinhalb Zentimeter tief.
8. Nordpol, zwanzig Zentimeter tief.»

Der Gelbe Fürst: «Und was ist das, die Neunmal-flach-und-einmal-tief-Methode?»

Su-nü: «Das bedeutet einfach, daß man neunmal flach und einmal tief stößt. Jeder Stoß sollte mit der Atmung übereinstimmen. Die Tiefe zwischen Lautensaite und Kleinem Bach [zweieinhalb bis siebeneinhalb Zentimeter] gilt als flach; von der Schwarzen Perle bis zur Talmitte [zehn bis zwölfeinhalb Zentimeter] ist es tief. Wenn der Mann zu flach stößt, empfindet das Paar zuweilen nicht die höchste Lust, wenn er zu tief stößt, kann es zu Verletzungen kommen.»

Stoßsequenzen

Neunmal flach und einmal tief scheint bei fast allen alten Meistern im Tao der Liebe eine bevorzugte Methode und bei Frauen aller Altersstufen gleichermaßen beliebt gewesen zu sein. Aus der Sicht des Taos ist es die beste Kombination, von der die Paare am meisten haben. Frauen empfinden sie allgemein als höchst angenehm. Sie fühlen sich erst auf die Folter gespannt und dann befriedigt.

Es gibt noch viele andere Stoßsequenzen wie dreimal flach und einmal tief, fünfmal flach und einmal tief usw. Der Leser kann wählen, welche Kombinationen und Variationen ihm und seiner Partnerin am besten gefallen. Wichtig ist, immer daran zu denken, daß beide Partner soviel Lust wie möglich erfahren sollen und der Mann die Kontrolle behalten muß, damit er nicht zu schnell oder zu oft ejakuliert.

Sexuelle Gymnastik

Westliche Leser werden sich vielleicht darüber wundern, daß hier so viel Wert auf Anzahl und Art liebender Stöße gelegt wird. Und erst, wenn sie vollkommen begriffen haben, wie wichtig dies für das Tao der Liebe ist, können sie verstehen, wie scheinbar unmögliche Kunststücke nicht nur möglich, sondern relativ einfach werden. Ich war selbst erstaunt, als ich den berühmten erotischen Roman aus der Ming-Zeit, *Jou Pu Tuan* («Gebetsmatte des Fleisches»), vor vielen Jahren zum erstenmal las. Das war, ehe ich das Tao der Liebe kennengelernt hatte. Eine der Heldinnen des Romans, die Dame Baumblüte, sagt: «Du unterschätzest meine Widerstandskraft – da muß sich einer schon zwischen ein- und zweitausendmal hin und her bemühen, ehe er mich schwach macht.»[2] Das kam mir unvorstellbar vor. Wie konnte eine Frau so viel Liebesbetätigung brauchen, um befriedigt zu sein, und wie konnte ein Mann jemals ihre Erwartungen erfüllen? Einige

Jahre später, nachdem ich das Tao erlernt hatte, beantworteten sich diese beiden Fragen von selber. Nicht nur, daß ich Frauen wie Baumblüte begegnet bin, auch eintausend Stöße sind für mich relativ einfach geworden.

Wenn man im Zusammenhang mit dem Liebesspiel von Zahlen redet, könnte jemand einwerfen, das sei ja bloß sexuelle Gymnastik, Matratzensport. Aber heute werden alle möglichen Arten von Gymnastik populär. Die meisten Menschen haben begriffen, daß sie ohne regelmäßige Übungen vorzeitig alt werden. Sie fangen an, Dauerlauf und alle möglichen Leibesübungen zu machen, weil sie gehört haben, daß man auf diese Weise das Herz kräftigen und den Kreislauf gesund halten kann. Wer eine halbe Stunde läuft, muß mindestens zweitausend Schritte tun. Warum also sich mokieren über tausend oder sogar fünftausend liebende Stöße? Das ist etwas ganz Ähnliches, nur daß die letzteren interessanter, genußvoller und angenehmer sind. Und wenn die Partnerin eine sinnliche Frau ist, wird sie diese Ausdauer-Sportart viel mehr genießen als Dauerläufe.

Meister Suns wandelbare Methoden

Wenden wir uns nun einer Reihe von einem großen Meister vorgeschlagener, ergötzlicher Techniken zu, von denen einige eher für die Älteren, die weniger Robusten oder die Kranken geeignet erscheinen. Es sind dies die Techniken, die van de Velde erforscht und fälschlich für das ganze Tao der Liebe gehalten hat. Vielleicht paßte das zu seiner vorgefaßten Meinung über den chinesischen Charakter. Die Chinesen sind vernünftige Menschen und nicht besonders abenteuerlustig. Aber zugleich sind sie im Grunde ein tatkräftiges und erfinderisches Volk. Beide Aspekte dieses Erbes sind in ihren alten Liebeslehren wiederzufinden. Es soll jedoch ausdrücklich betont werden, daß Meister Suns wandelbare Methoden der Anwendung von Tao-Prinzipien nichts mit den wahrhaft passiven und starren (starr in ihrer Einstellung zur Ejakulation) Liebestechniken wie Karezza oder «Enthaltsamkeit des Mannes» zu tun haben.

Sun Szu-mo wurde im Jahre 581 n. Chr. geboren und lebte hundertundein Jahr lang. Er war ein taoistischer Arzt, der sich nicht nur um die Theorie des Taos der Liebe verdient gemacht hat.[3] Er war der Ansicht, daß ein Mann, der in der Lage war, einhundertmal ohne Erguß Geschlechtsverkehr zu haben, sehr lange leben kann.

Nach seiner Theorie wird ein Mann krank, wenn sein *ching* knapp geworden ist. Und wenn das *ching* erschöpft ist, muß er sterben. Sun war offensichtlich kein Dogmatiker. Obwohl er lehrte, daß es ideal sei, wenn der Koitus einhundertmal ohne Erguß erfolge, glaubte er nicht, daß viele Männer dieses Ziel erreichen könnten. Er erhielt seine Forderungen für die Mehrheit der Männer nicht unbedingt aufrecht. «Ein Mann kann auch lange und bei guter Gesundheit leben, wenn er sich zweimal im Monat oder vierundzwanzigmal im Jahr ergießt. Wenn er gleichzeitig auf gesunde Ernährung achtet und sich regelmäßig Bewegung verschafft, kann er ein hohes Alter erreichen.»

Er stellt dann noch andere Richtlinien auf: »Ein Zwanzigjähriger kann einmal alle vier Tage einen Erguß haben. Ein Dreißigjähriger kann einmal alle acht Tage einen Erguß haben. Ein Vierzigjähriger kann einmal alle zehn Tage einen Erguß haben. Ein Fünfzigjähriger kann einmal alle zwanzig Tage einen Erguß haben. Ein Sechzigjähriger sollte sich nicht mehr ergießen. Wenn er jedoch außergewöhnlich kräftig und gesund ist, kann er sich einmal im Monat ergießen.»

Sun hat nie empfohlen, daß kräftige, gesunde Männer ganz auf den Erguß verzichten sollten, wie Karezza und «Enthaltsamkeit des Mannes» es vorsehen. In seinen Schriften heißt es: «Wenn ein Mann ungewöhnlich kräftig ist, kann zuviel Unterdrückung schädlich sein. Er wird dann Ausschlag und eine unreine Haut bekommen, wenn er sich zu lange nicht ergießt.»

Die einzige Ausnahme, die Sun Szu-mo machte, galt Menschen, die hochgeistig waren. Hier hielt er den vollkommenen Verzicht auf den Erguß für möglicherweise ratsam: «Wenn beide Partner so geistig wie Unsterbliche sind, können sie sich gelassen, so daß das *ching* sich nicht regt, vereinigen. Jeder der beiden sollte sich so verhalten, als ob ein jeder einen roten Ball so groß wie ein Hühnerei an seinem Nabel hätte. Sie können ganz sanft stoßen. Aber wenn sie spüren, daß sie erregt werden, sollten sie sich zurückziehen. In vierundzwanzig Stunden kann das Paar diese Art der Vereinigung Dutzende von Malen betreiben. Wenn sie so verfahren, können sie auch ein hohes Alter erreichen.»[4]

Sun Szu-mo hat nie die Ansicht vertreten, daß Männer und Frauen überhaupt keinen Geschlechtsverkehr ausüben sollten, sondern betonte, daß es schädlich sei, ganz ohne die Wohltat der Yin-Yang-Harmonie zu leben. Der folgende Dialog ist seinem Buch entnommen:

Ein Patient: «Wenn ein Mann das sechzigste Lebensjahr noch nicht erreicht hat und dennoch daran denkt, ohne die Harmonie des anderen Geschlechts zu leben, haltet Ihr das für ratsam?»

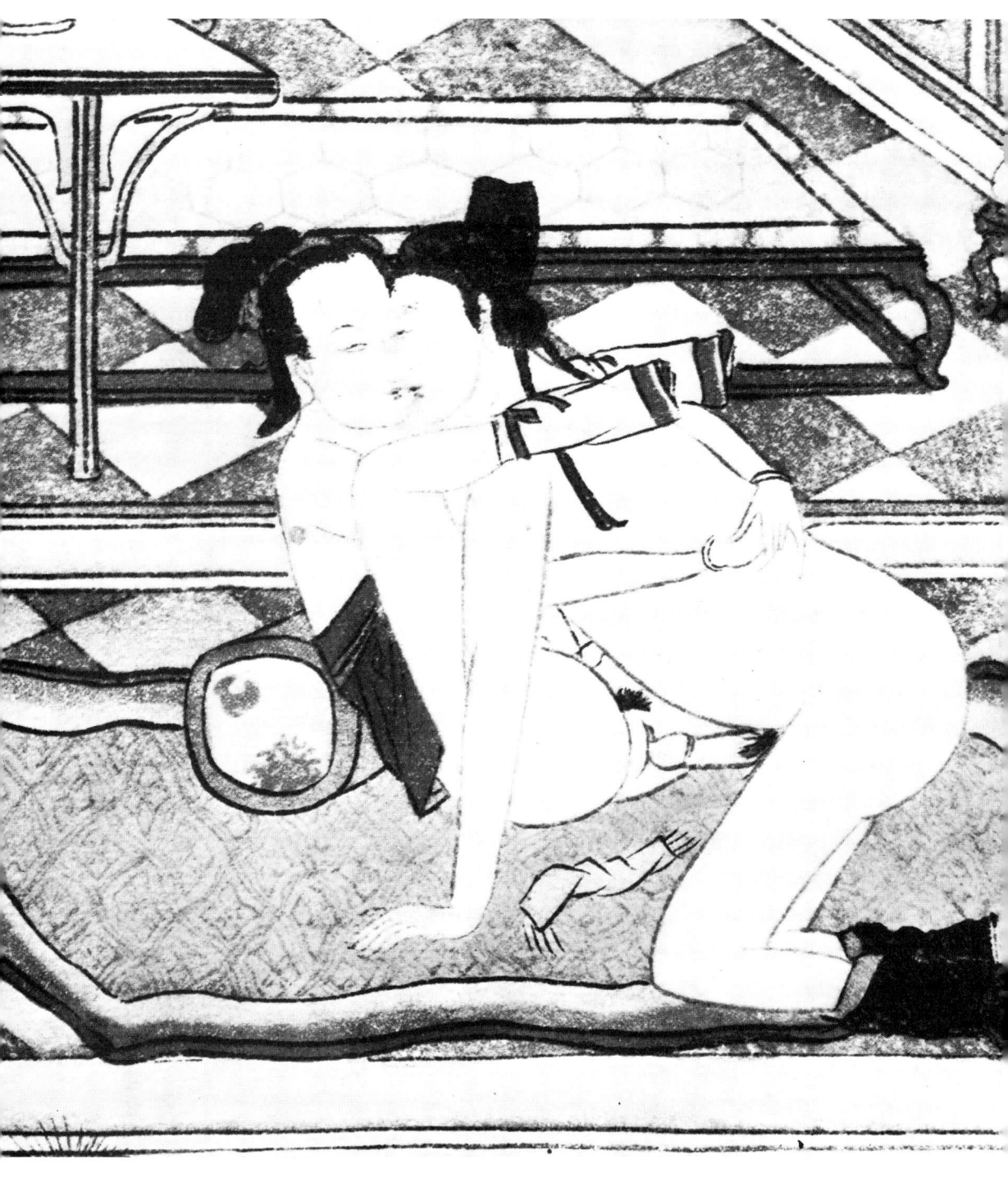

Sun Szu-mo: «Nein! Ein Mann kann nicht lange ohne eine Frau leben. Eine Frau kann ohne Mann nicht glücklich sein. Ohne Frau wird er sich immerzu nach einem weiblichen Wesen sehnen. Dieses Sehnen wird seinen Geist ermüden. Wenn sein Geist müde ist, kann er nicht lange leben. Verlangt es ihn aber wirklich nicht nach einer Frau, dann ist das sehr gut, und er kann auch ein hohes Alter erreichen. Aber solche Menschen sind sehr selten. Unterdrückt man sein natürliches Bedürfnis, sich in bestimmten Abständen zu ergießen, ist es sehr schwer, das *ching* zu behalten, aber ganz einfach, es zu verlieren. Er wird es im Schlaf verlieren oder seinen Urin verunreinigen. Oder er wird krank werden und sich mit Geistern paaren. Wenn er sein *ching* auf diese Weise verliert, ist das hundertmal schädlicher.»

5
DIE LIEBES-
STELLUNGEN

Wenn ein Mann sich die Fähigkeit erworben hat, eine halbe Stunde oder länger ohne Unterbrechung zu lieben, wird der Wechsel zwischen immer neuen Positionen äußerst wichtig. Denn es ist wichtig, daß das Lieben seine Anziehungskraft nicht durch gedankenlose Wiederholungen verliert und die Partner sich nicht langweilig werden. Die Vereinigung von Yin und Yang sollte mit aller Wonne möglichst lange beibehalten werden, um gute Gesundheit, langes Leben und innere Harmonie zu erlangen.

Vier Grundpositionen
und sechsundzwanzig Variationen

Den alten Chinesen war dies durchaus bewußt, und Meister Li Tung-hsüan beschreibt in seinem *Tung-hsüan-tzu* nicht nur die Arten und Stile lieben- den Stoßens, sondern auch das Spektrum der Positionen in der Liebe. Er beginnt mit den vier Grundstellungen:
1. *Enge Vereinigung*
2. *Einhorn*
3. *Intime Verbindung*
4. *Sich sonnender Fisch*

Und dann beschreibt er in traditioneller Manier sechsundzwanzig Varia- tionen davon:[1]

1. *Seidenraupe spinnt einen Kokon* (eine Variation der ersten Position): Die Frau ergreift mit beiden Händen den Nacken des Mannes und schlingt ihre Füße um seinen Rücken.

2. *Sich wendender Drache* (eine Variation der ersten Position): Der Mann drückt mit der linken Hand beide Füße der Frau über ihre Brusthöhe hinaus. Mit der rechten Hand hilft er seinem Jadeschaft, in ihre Jadepforte zu gelangen.

3. *Zwei Fische Seite an Seite* (eine Variation der dritten Position): Ge- sicht zu Gesicht und in tiefem Kuß, der Mann stützt mit einer Hand die Füße der Frau.

4. *Liebende Schwalben* (eine Variation der ersten Position): Der Mann liegt flach auf dem Bauch der Frau. Er umarmt ihren Hals, und sie um- klammert seine Taille.

5. *Vereinte Eisvögel* (eine Variation der ersten Position): Die Frau liegt auf dem Rücken und macht ihre Beine ganz locker. Der Mann kniet und umfaßt ihre Hüfte.

6. *Verschlungene Mandarinenten* (eine Variation der vierten Position): Die Frau liegt auf der Seite und hält ihre Beine so gebeugt, daß der Mann von hinten eindringen kann.

7. *Fliegende Schmetterlinge* (eine Variation der zweiten Position).

8. *Paar fliegender Enten* (eine Variation der zweiten Position): Der Mann liegt auf dem Rücken. Die Frau sitzt so, daß sie seine Füße sehen kann.

9. *Zwergkiefer* (eine Variation der ersten Position): Die Frau umschlingt den Mann mit gekreuzten Beinen. Beide halten mit beiden Händen die Hüften des Partners umschlungen.

10. *Bambus nahe dem Altar* (diese Variation gehört zu keiner der vier Grundpositionen): Beide, Mann und Frau, stehen mit den Gesichtern zueinander, umarmen und küssen sich.

11. *Tanz des Doppelphönix* (eine Variation der ersten Position, aus der durch Umkehrung eine Variation der zweiten Position werden kann).

12. *Phönixmutter hält ihr Kleines* (eine Position, die besonders für ein Paar geeignet ist, in dem die Frau groß und üppig gebaut und der Mann klein ist).

13. *Fliegende Seemöwen* (eine Variation der ersten Position): Der Mann steht am Rand des Bettes und hält die Beine der Frau, während er in sie eindringt.

14. *Wildpferde im Sprung* (eine Variation der ersten Position): Ihre Füße liegen auf seinen Schultern. Er kann tief eindringen.

15. *Galoppierendes Roß* (eine Variation der ersten Position): Die Frau liegt auf dem Rücken, und der Mann hockt. Seine linke Hand hält ihren Hals, und seine rechte Hand umfaßt ihre Füße.

16. *Pferdehufe* (eine Variation der ersten Position): Sie liegt auf dem Rücken. Er legt sich einen ihrer Füße über seine Schultern, während der andere Fuß lose baumelt.

17. *Fliegender weißer Tiger* (eine Variation der vierten Position): Die Frau kniet und legt das Gesicht aufs Bett. Er kniet hinter ihr und hat beide Hände frei, damit ihre Hüfte zu umfassen.

18. *Dunkle Zikade haftet an einem Ast* (eine Variation der vierten Position): Sie liegt auf dem Bauch und spreizt die Beine. Er hält ihre Schultern fest und dringt von hinten in sie ein.

19. *Ziege vor einem Baum* (eine Variation der vierten Position): Der Mann sitzt auf einem Stuhl. Die Frau sitzt auf seinem Schoß und kehrt ihm den Rücken zu, während er sie bei der Hüfte hält.

20. *Wild-Geflügel* (eine Variation der ersten Position).

21. *Phönix spielt in roter Höhle* (eine Variation der ersten Position): Sie liegt auf dem Rücken und hält selbst mit den Händen ihre Füße hoch in der Luft.

22. *Riesenvogel treibt über dunklem Meer* (eine Variation der ersten Position): Der Mann stützt ihre Beine mit seinen Oberarmen und hält sie mit den Händen bei der Hüfte fest.

23. *Ein summender Affe umfängt einen Baum* (eine Variation der zweiten Position): Der Mann sitzt wie auf einem Stuhl. Die Frau «reitet» auf seinem Schoß, und beide sehen sich an. Sie hält sich an ihm mit beiden Händen fest. Er hilft ihr, indem er mit einer Hand auf ihren Hintern drückt, während er sich mit der anderen auf dem Bett abstützt.

24. *Katze und Maus in einem Loch* (eine Variation der zweiten Position): Der Mann liegt auf dem Rücken mit völlig entspannten Beinen. Die Frau liegt fest auf ihm. Sein Jadeschaft kann tief eindringen.

25. *Eselin im späten Frühjahr* (eine Variation der vierten Position): Beide Füße am Boden, beugt sie sich nach vorn und stützt sich auf die Hände bei gestreckten Armen. Er steht hinter ihr und hält ihre Taille umfaßt.

26. *Hund im Herbst* (eine Variation, die zu keiner der vier Grundpositionen gehört): Mann und Frau stehen Rücken gegen Rücken, beugen sich in der Hüfte so weit hinab, daß sie die Hände aufstützen können, die Gesäßpartien pressen sie fest gegeneinander und geben sich so Halt. Der Mann biegt den Kopf nach unten hinten und führt mit einer Hand seinen Jadeschaft in ihre Jadepforte ein.

Jeder soll sich seine besten Stellungen aussuchen

Ein Buch kann es unmöglich allen Paaren in bezug auf die geeignetsten Stellungen recht machen. Das Beste, was ein Buch anbieten kann, ist, ein paar gute Beispiele zu bringen und den Leser zu möglichst viel Phantasie und Eigeninitiative anzuregen. Mann und Frau sollen beide gemeinsam immer wieder neue Positionen entdecken, um herauszufinden, welche für sie besonders geeignet sind. Mit dem immer länger durchgehaltenen Koitus entsteht für den, der das Tao erlernt, die Gefahr, daß ohne ständiges Experimentieren die Liebe zur Routine herabsinken könnte. Ihre besten Positionen zu finden ist für beide Partner von entscheidender Bedeutung. Ein Mann kann aber nicht verschiedene Stile und Arten des Stoßens ausprobieren, wenn es für ihn oder seine Partnerin mit Unbequemlichkeiten verbunden ist. Es ist ein großer Irrtum zu glauben, daß Mann und Frau sich nur ins Bett zu legen brauchen und sofort die für sie geeignetste Stellung finden werden. Mann und Frau mögen noch so erfahren sein: Wenn zwei Partner es zum ersten Male miteinander tun, muß es keineswegs auf Anhieb klappen. Es kann sogar mitunter sein, daß sie erst zehn Begegnungen hinter sich haben müssen, bis sie sich an ihre Körper gewöhnt haben. Und wenn sie ihre gemeinsamen Experimente fortsetzen, können sie auch dann immer noch bessere und noch bessere Stellungen entdecken. Die alten Chinesen verliehen durch eben dieses ewige Streben nach Vervollkommnung der Kunst der Liebe Schwung und Steigerung.

Der Grund, warum ein Buch einem bestimmten Paar nicht die am besten passenden Positionen vermitteln kann, liegt einfach darin, daß wir alle unterschiedlich gebaut sind. Es gibt keine zwei Paare mit genau der gleichen Kombination von Körperbau, Größe, Gewicht oder von der Anordnung, Tiefe, Dicke oder Länge ihrer Geschlechtsorgane.

Leider versäumen es die meisten gebräuchlichen Sexualratgeber, die eine Vielzahl bizarrer Positionen vorführen, mit dem nötigen Nachdruck darauf hinzuweisen, daß jedes Paar diese Beispiele mit Phantasie, Mut und Geduld den speziellen Bedürfnissen dieser beiden Menschen anpassen muß. Das pedantische «Abkupfern» dieser farbig ausgemalten und klangvoll betitelten Stellungen führt nur zu störenden Peinlichkeiten. Es gibt nur sehr wenige Paare, die die stark idealisierten Traumgestalten dieser Anleitungsbücher wirklich nachmachen können. Man soll in diesen Dingen gar nicht immer etwas nachmachen, sondern viel mehr selber machen, man soll seine eigenen Stellungen durch eigenes Experimentieren herausfinden. Ein Buch kann bestenfalls Anregungen für den Anfang bieten.

Es folgt also zunächst eine Liste mit den vier Grundstellungen und dazu Vorschläge, wie man sie für seine persönlichen Zwecke variieren kann.

Die vier Grundstellungen sind:

1. Der Mann auf der Frau.

2. Die Frau auf dem Mann.

3. Mann und Frau wenden sich, auf der Seite liegend, die Gesichter zu: Er liegt auf der rechten und sie auf der linken Seite, oder umgekehrt.

4. Der Mann dringt von hinten ein. Dies ist die bei den Tieren häufigste Form der Begattung. Menschen können das sehr bequem im Bett ausführen, indem Mann und Frau beide auf der rechten oder linken Seite liegen oder der Mann bäuchlings auf dem Rücken der Frau liegt.

Diese Stellungen können endlos variiert werden. Die eine Sonderform mag geeigneter sein für ein Paar, bei dem der Mann einen Kopf größer ist als die Partnerin. Die andere mag besser sein für ein Paar, bei dem beide gleich groß sind. Andere Verschiedenheiten können darin bestehen, daß einige Frauen ihre Scheidenöffnung weiter vorn haben als andere. Es sind ja gerade diese körperlichen Unterschiede, die die Anzahl der Stellungen im wahrsten Sinne des Wortes unendlich machen. Beispielsweise können wir allein aus der Mann-oben-Stellung bereits die folgenden verschiedenen Positionen ableiten:

1. Der Mann stützt sich auf seine Handflächen.

2. Er stützt sich auf seine Ellbogen.

3. Er gebraucht beide Arme und Hände, um das Gesäß seiner Partnerin zu unterstützen.

4. Er umarmt sie nicht am unteren, sondern jetzt am mittleren Teil ihrer Hüften.

5. Er umarmt ihre Taille.

6. Er umarmt ihren Oberkörper in Achselhöhe.

7. Er hält sie bei den Schultern – seine linke Hand seitlich an ihrer rechten Schulter und seine rechte Hand vorn auf der linken Schulter.

8. Er stützt sich auf die Ellbogen und legt seine beiden Arme um ihre Schultern auf ihren Rücken, so daß sie beide von Kopf bis Fuß engen Körperkontakt haben. Diese Variation ist interessant, wenn beide Partner gleich groß sind. Bei jedem Stoß drückt er die Schultern der Frau gegen seinen eigenen Oberkörper, um dadurch mehr Stoßkraft zu bekommen. Diese Variante kann ein Paar wirklich in Ekstase bringen, weil die beiden Partner sich mit dem ganzen Körper und nicht nur mit den Geschlechtsorganen berühren. Von dieser Variation gibt es sogar wieder Untervariationen mit den verschiedenen Möglichkeiten für die Frau, ihre Beine zu halten. Sie kann sie entweder geschlossen halten oder auseinanderspreizen oder über dem Rücken des Mannes kreuzen. Dies führt allein schon in bezug auf ihre Beinhaltung zu immer neuen Stellungen – indem sie die Beine um seine Taille hält, seine Hüften und so weiter. Die Möglichkeiten sind hier beinahe unbegrenzt.

9. Er hält seine Partnerin in ganz enger Umarmung unter sich.

10. Er stemmt sich auf Armeslänge hoch und schwingt beim Stoßen nur mit seinen Hüften.

11. Sie hält ihre Beine ausgestreckt und geschlossen.

12. Sie spreizt ihre Beine ganz weit auseinander. Diese Stellung ist gut

geeignet für Frauen mit einer verhältnismäßig tiefen Scheide und für Männer mit durchschnittlich langem Phallus.

13. Er legt sich ihre Beine auf seine Schultern. Diese Variante eignet sich besonders zum sehr tiefen Eindringen und wirkt auf einige Frauen im höchsten Grade aufreizend. Einige Frauen können nur wenige solcher tiefen Stöße vertragen, andere keinen einzigen, weil ihre Scheide zu kurz ist und weh tun würde. Einige Männer mögen diese Stellung besonders deshalb, weil es ein ganz eigenartiges Gefühl ist, wenn ihr Hodensack bei jedem tiefen Stoß den weichen Hintern der Frau berührt.

Dies sollte nur einen kleinen Eindruck geben von der «unendlichen Vielfalt» beim Mann – und bei der Frau natürlich auch. Vor allem aber sollte diese Aufzählung den Leser auch ermuntern, sich nicht nur genau an diese Vorschläge zu halten und sich damit zufriedenzugeben, sondern zu improvisieren und mit dem Liebespartner zu experimentieren. Dabei kommt man dann vielleicht plötzlich auf etwas, das für die ganz persönliche Körperverbindung zwischen genau diesen zwei Menschen sehr viel besser geeignet ist und gerade die Geschmäcker und Vorlieben dieser beiden besonders gut anspricht.

Der Wechsel der Stellungen

Ein Wort über Beweglichkeit. Wenn der Mann gelernt hat, die Dauer seines Stoßens zu verlängern, dann sollte er als nächstes lernen, wie man von einer Stellung zu einer anderen überwechselt, ohne den Fluß der Handlung zu unterbrechen. Zum Beispiel kann er sich aus der Mann-oben-Position seitlich abrollen und damit sich und seine Partnerin in die Seitenlage mit einander zugewandten Gesichtern bringen. Auch diese Stellung ist eine Grundposition mit unbegrenzten Variationsmöglichkeiten. Besonders interessant ist die folgende: Der Mann legt seinen Arm um die rechte Hüfte der Frau knapp unterhalb ihrer Taille und übt darauf rhythmisch einen Gegendruck aus, um so mehr Stoßkraft zu bekommen. Mit etwas Einfallsreichtum und Eigeninitiative kann man auch daraus jede beliebige Anzahl von neuen Variationen ableiten. Zum Beispiel, indem man die Art und Weise der Umarmung ändert, indem man sich einmal ganz eng umschlingt und dann wieder ein bißchen auf Distanz geht oder indem die Frau ihre Beine verschieden weit öffnet.

Die Frau-oben-Stellung

Aus der Seitenlage mit Zuwendung kann man durch ein rasches, glattes Sichherumdrehen der umschlungenen Liebenden in die Frau-oben-Position wechseln. Dies kann sehr bequem in einem breiten Bett oder auf einer großen Matratze am Boden praktiziert werden, sportliche Paare können es sogar auf engem Raum. Diese Methode ist sehr lohnend und bringt zwei besondere Vorteile. Erstens verhilft sie einer schüchternen oder unerfahrenen Frau, die sich nicht traut, elegant in die Frau-oben-Stellung: Mit dem schnellen Sichherumdrehen kann sie ganz leicht und natürlich in diese Stellung gebracht werden – noch ehe Verlegenheit bei ihr überhaupt aufkommen könnte. Wenn sie sich nämlich erst einmal oben befindet, wird sie wahrscheinlich schnell entdecken, wie lustvoll das für sie ist. Und zweitens sprechen ganz konkrete körperliche Gründe für diese Position. Es gibt Frauen, die in keiner anderen Stellung zum Orgasmus kommen können. In der Frau-oben-Position übernimmt die Frau eine erheblich aktivere Rolle und kann selbständig durch ihre Beckenbewegungen die «Gangart» und den «Anschlagwinkel» beim Stoßen bestimmen, je nachdem, was bei ihr am meisten Wollust auslöst. Es ist bekannt, daß Frauen, die vorher nie zum Orgasmus gekommen sind, in dieser Stellung dann zum ersten Male einen bekamen.

Vorteile der Frau-oben-Stellung

Die Frau-oben-Position hat aber auch für den Mann einige Vorteile, besonders für ältere und weniger kräftige Männer mit jungen und temperamentvollen Partnerinnen. In fast jeder Variante dieser Stellung kommt die Kraft des Stoßens von der Frau. Der Mann kann sich ausruhen und sich ganz dem Genießen hingeben. Außerdem können viele Männer ihren Ejakulationsdrang in dieser Stellung viel länger unter Kontrolle halten.

Die Methode der «schnellen Herumdrehung» gestattet dem Mann auch, seinen Phallus an Ort und Stelle in der Scheide zu lassen, wenn er in die neue Stellung überwechselt. Für Männer, die in Gefahr sind, ihre Erektion einzubüßen, wenn ihr *yü-ching* die Wärme der Scheide verläßt oder wenn das Stoßen unterbrochen wird, kann dies ein Segen sein.

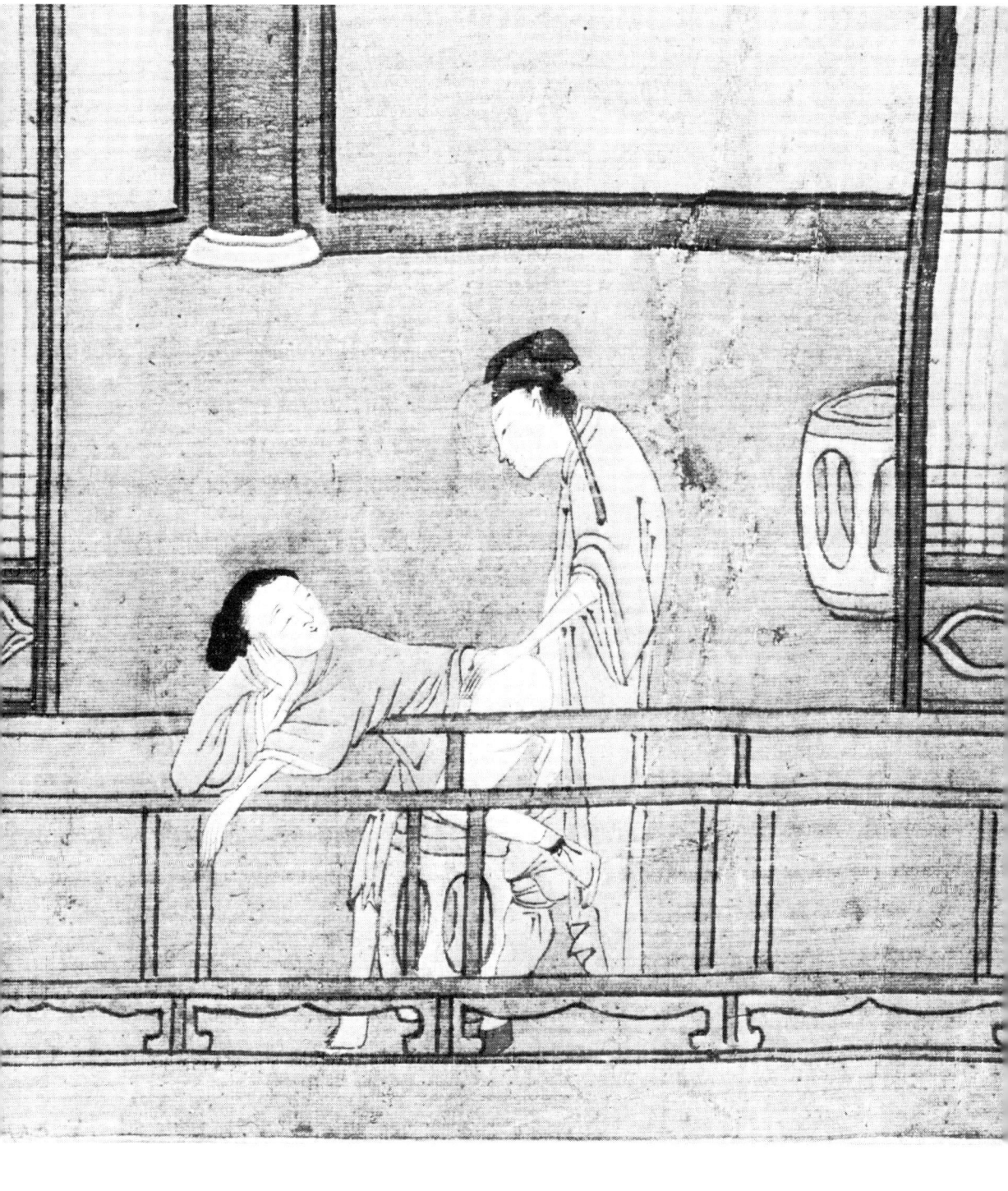

Variationen der Frau-oben-Stellung

Es gibt eine weitverbreitete Ansicht, daß sich in der Frau-oben-Position die Partnerin auf ihren Mann setzt wie beim Reiten auf ein Pferd. Selbstverständlich haben viele Menschen ihren Spaß an dieser Reitstellung, aber sie ist nur eine von vielen. Eine andere Möglichkeit wäre die, daß die Frau lang ausgestreckt auf dem Bauch des Mannes liegt und ihn auf den Mund küßt, während ihre Beine entweder weit geöffnet oder eng geschlossen sind. Dies ist für sie eine angenehme Erholung vom langen Knien. Sie kann kreisende Bewegungen ausführen, wobei ihr Bauch und ihre Brüste die ganze Zeit über in engstem Kontakt mit ihrem Partner sind. Oder sie kann wie ein Fisch im Netz schnelle zuckende Bewegungen ausführen. Viele Frauen finden das zuletzt Genannte besonders erotisch. Genau gesagt handelt es sich dabei nicht um eine stoßende Bewegung, weil Penis und Scheide die ganze Zeit über innig verbunden bleiben. Diese Stellung der auf dem Mann ausgestreckt liegenden Frau hat aber noch einen großen Vorteil: Der Mann kann ausgiebig die Reize ihres schönen Hinterns (so vorhanden) genießen, und zwar mit Händen und Armen. Und er sollte seinem Genuß auch Ausdruck verleihen. Aus der sehr beliebten Reitstellung mit dem Blick «nach vorn» kann die Frau sich auch «nach hinten» herumdrehen: Der Reitsitz mit Blick auf die Füße des Mannes kann ihr die angenehmste Innenreibung verschaffen und ihm das Entzücken an einem schönen Rücken.

Probleme ergeben sich aus der Frau-oben-Stellung zuweilen dann, wenn die Scheidenöffnung der Frau zu weit hinten liegt, wenn die Frau zu plump ist oder zu unerfahren. Dann mag es sein, daß sie in der Oben-Stellung nicht so lebhaft oder so aktiv ist wie in einer anderen. In nahezu jedem Fall kann der Mann ihr aber behilflich sein, indem er ihrem Stoß von unten entgegenstößt oder indem er sie mit den Händen an den Schultern packt und rauf und runter bewegt, um das Auf und Ab in Gang zu bringen. Oder er legt seine Hände auf ihre Hüften, entweder oben drauf, gerade unterhalb der Taille, oder weiter unten am Schenkelansatz. Das richtet sich ganz nach ihrer Körpergröße und danach, was für den Mann beim Emporheben und Herabziehen am bequemsten ist.

Das Eindringen von hinten[2]

Die vierte Grundposition – das Eindringen a tergo, vom Rücken her – kennt genauso viele Varianten wie die drei anderen Grundstellungen. Die fünf häufigsten sind:

1. Mann und Frau liegen auf der Seite hintereinander im Bett («Löffelchen»).
2. Der Mann liegt bäuchlings auf dem Rücken der Frau.
3. Die Frau kniet auf dem Bett, der Mann steht auf dem Fußboden.
4. Der Mann sitzt auf einem Stuhl und hat die Frau auf seinem Schoß, wobei sie ihm den Rücken zuwendet.
5. Die Frau lehnt sich vorwärts geneigt auf irgendein Ding – auf ein Möbelstück, einen waagerechten Baumast oder eine niedrige Mauer –, und der Mann dringt stehend in sie ein.

Schwierigkeiten bei jeder dieser fünf Stellungen ergeben sich, wenn die Frau an Klitoris-Orgasmen gewöhnt ist. Dann braucht sie die Hilfe entweder ihrer eigenen Finger oder der ihres Partners, um die Klitoris zu reizen und so zum Orgasmus zu kommen.

Probieren ist alles

Das Geheimnis des erfolgreichen Liebens liegt ganz in der Hand der beiden Liebenden und in ihrer uneingeschränkten Lust am Experimentieren. Niemand sollte sich durch neue Einfälle oder Vorschläge seines Partners verunsichern lassen. Immerzu nur auf die gleiche Art und Weise zu lieben ist so, als müßte man an jedem Tag zu jeder Mahlzeit Brot und Milch zu sich nehmen. Eine solche öde Diät würde einem sehr bald leid werden. Es ist nicht übertrieben, wenn man sagt, daß die Vielfalt der Stellungen die Würze des Liebens ist. Ohne den Reichtum an Stellungsvarianten wäre die Liebe kaum je etwas Ekstatisches.

6
EROTISCHES KÜSSEN UND DAS TAO

Viele Abendländer sind der festen Überzeugung, daß die Chinesen nicht küssen. Aber das stimmt ganz und gar nicht. Die Chinesen begrüßen sich auf der Straße nicht mit einem Kuß auf den Mund oder die Wange – wie das bei den Franzosen und den Amerikanern üblich ist –, aber das ist kaum die Art von Küssen, von der hier die Rede ist. Es liegt eine ganze Welt zwischen einem geschwisterlichen Küßchen auf die Wange und einer leidenschaftlichen Aufforderung zu lieben, die mit dem Mund, den Lippen und der Zunge zum Ausdruck gebracht wird, ohne daß ein Wort zu hören ist.

Es läßt sich schwer sagen, wo und wie die Vorstellung entstanden ist, daß die Chinesen nicht küssen. Selbst van de Velde – der sich sein Leben lang mit der Sexualwissenschaft beschäftigt hat – erlag diesem Mißverständnis. In *Die vollkommene Ehe* heißt es: «Japanern, Chinesen und Annamiten ist der Kuß, wie wir ihn verstehen, fremd. An der Stelle des Mundkontaktes steht ein mit einem leichten Einatmen verbundener Nasenkontakt.»

Lassen wir einmal außer acht, wie es sich bei den Japanern und Vietnamesen verhält, wir wissen, daß die Chinesen sich nicht auf diese Weise küssen. Möglicherweise gehen van de Veldes Vorstellungen auf die chinesische Sitte zurück, Babies in der Öffentlichkeit zu beschnuppern. Die Chinesen tun das ausgesprochen gern, und gutgepflegte Säuglinge haben auch wirklich einen süßen und ganz besonderen Duft an sich. Es kann gut sein, daß dies die einzigen «Küsse» waren, die van de Velde jemals in der Öffentlichkeit sah, weil die Chinesen, obwohl sie sich durchaus küssen, dies als eine höchst intime Angelegenheit betrachten und es kaum jemals in der Öffentlichkeit tun. Im Westen, wo heutzutage ohne jede Scheu auch in der Öffentlichkeit leidenschaftlich geküßt wird, mögen die Chinesen gehemmt erscheinen. Vielleicht sind sie das. Nichtsdestoweniger betrachteten die alten Chinesen das erotische Küssen als unverzichtbaren Teil der sexuellen Beziehung.

Die Yin-Substanz

In seiner Schrift *Die Trankspende der drei Hügel* geht Wu Hsien, der Tao-Meister der Liebe, ausführlich auf leidenschaftliches, erotisches Küssen ein. Die drei Hügel bringen Essenzen hervor, die große Bedeutung für die Harmonie zwischen Yin und Yang und die ganze Metaphysik des Taoismus besitzen.

«1. Der höchste heißt ‹Roter Lotoshügel› [Lippen]. Sein Naß ‹Jadequell› entspringt zwei kleinen Öffnungen [des Speichelausführungsgangs] unter der Zunge der Frau. Leckt ein Mann daran, schießt das Naß hervor. Es ist ein klares Naß und eine große Wohltat für den Mann.

2. Der nächste heißt ‹Zwillingshügel› [Brüste]. Sein Naß ‹Weißer Schnee› entspringt den Brustknospen der Frau. Es ist weiß gefärbt und süß von Geschmack. Es zu trinken ist nicht nur für den Mann eine Wohltat, sondern in noch höherem Maße für die Frau. Es belebt ihren Blutkreislauf und reguliert ihre Periode. Es entspannt ihren Körper und ihre Seele und macht sie glücklich und frei. Es regt die Flüssigkeitsbildung in ihrem ‹Blumenreichen Weiher› [Mund] und in ihrer ‹Dunklen Pforte› [Scheide] an. Von den drei Trankspenden ist diese die erlesenste. Wenn die Frau noch kein Kind geboren hat und keine Milch ihre Brust füllt, dann kann eine solche Trankspende von Frauenmilch ganz besonders gute Wirkung tun.

3. Der niedrigste heißt ‹Purpurner Pilzhügel› oder die ‹Höhle des Weißen Tigers› oder die ‹Dunkle Pforte› [Schamhügel bzw. Scheide]. Sein Naß ‹Mondblume› ist in ihrem ‹Palast des Yin› [Schoß] wohlverwahrt. Diese Flüssigkeit macht besonders gleitfähig. Aber das Tor zum ‹Palast des Yin› ist fast immer geschlossen. Es öffnet sich nur, wenn die Frau von so tiefer Wollust ergriffen wird, daß ihr Gesicht sich rötet und ihre Stimme bebt. Ist dies der Fall, so strömt das Naß heraus. In diesem Augenblick sollte der Mann seinen Jadeschaft einige Zentimeter zurückziehen, dann aber weiterstoßen und gleichzeitig entweder ihren Mund küssen oder von ihren Brüsten trinken.

Dies also nennen wir die Trankspenden der drei Hügel. Wer das Tao kennt, nimmt wahr, läßt sich aber nicht von seiner Leidenschaft hinreißen. Das Liebespaar scheint vor Lust zu vergehen. Aber das ist keine bloß fleischliche Wollust, und deshalb ist sie erquickend . . .»

Erotisches Küssen und oraler Sex

Fast alle alten Bücher über das Tao der Liebe unterstreichen die Bedeutung inbrünstiger, erotischer Küsse, die für sie an zweiter Stelle gleich nach dem eigentlichen Koitus kommen. Hier wie dort ist es von Nutzen für Männer und Frauen, die Harmonie zwischen Yin und Yang zu erleben. Solange Mann und Frau es beide genießen, sollten sie sich so oft wie möglich inbrünstig küssen. Und ein jeder sollte die Flüssigkeit des anderen trinken. Das Trinken der «Jadeflüssigkeit» (des Speichels) ist von großer Bedeutung für die Harmonie zwischen Yin und Yang. Cunnilingus und Fellatio – oder oral-genitales Küssen – gelten als höchst wirkungsvoll, wenn es darum geht, einen Mann oder eine Frau zu erregen. Aber der Mann sollte es nicht zu einer unbeherrschten Ejakulation kommen lassen. Um Fellatio mit Erfolg zu üben, muß eine Frau lernen, ihren Mund zu entspannen. Wenn sie angespannt oder steif ist, wird sie die Lippen nicht gebrauchen können, um die Zähne abzuschirmen, und seinem *yü-ching* Schmerz zufügen statt ihn zu benetzen. Manche Frauen mögen es, wenn man an ihrer Klitoris ganz vorsichtig ein bißchen herumknabbert, aber Männer schätzen es nur sehr selten, wenn überhaupt, daß man in den Phallus beißt, und sei es noch so spielerisch.

Bei Cunnilingus gibt es keinerlei vergleichbare Einschränkungen. Für viele Frauen ist Cunnilingus ein Hochgenuß.

Vorteile des erotischen Küssens

Zu lernen, wie man alle Teile des Körpers richtig küßt, ist relativ einfach, aber äußerst wichtig. Einfach, weil es beim Küssen keine Schwierigkeiten wie vorzeitige Ejakulation, Impotenz oder zuwenig Gleitflüssigkeit zu überwinden gilt. Das einzige Hindernis ist psychologischer Art. Für viele Menschen bleibt der Kuß eine flüchtige Sache – ein bloßer Schmatz, der halt auch dazugehört. Sie unterscheiden nicht zwischen einem Kuß und einem «Busserl». Und doch liegen Welten zwischen einem inbrünstigen, beseelten, erotischen Kuß und einem langweiligen, antiseptischen Aufeinanderpressen der Lippen. Der eine kann so aufwühlen, daß manche Frauen einen Orgasmus dabei bekommen, das andere ist kaum zu spüren. Ein leidenschaftlicher Kuß kann eine Offenbarung sein und viel befriedigender als ein routinemäßiger Beischlaf. Es ist deshalb wichtig zu wissen, wie man Lippen, Zunge und Mund zum gegenseitigen Vergnügen und Nutzen gebraucht. Havelock Ellis drückt das so aus: «In den Lippen haben wir eine hochempfindliche Übergangszone zwischen Epidermis und Mundschleimhaut, in vieler Hinsicht durchaus vergleichbar der Schamlippenregion, nur daß die Mundlippen sogar noch aktiv zu stimulieren sind durch Bewegungen mit der noch viel sensibleren Zunge.»[1]

Mit anderen Worten: Lippen und Zunge sind erogene Zonen, die sowohl Eigenschaften der Vulva als auch des Phallus besitzen. Dabei unterliegen sie nicht den Beschränkungen, die Vagina und Penis oft behindern. Vagina und

Penis werden hauptsächlich von unwillkürlichen Muskeln bewegt, wohingegen Lippen und Zunge mit willkürlichen Muskeln ausgestattet sind. Das bedeutet, daß wir soviel und solange wir wollen küssen können – auch im Zustand der Erschöpfung. Über unsere Geschlechtsorgane haben wir diese Kontrolle nicht. Selbst ein Mann, der das Tao der Liebe beherrscht, kann nicht ohne weiteres eine Erektion zustande bringen, wenn er vollkommen erschöpft ist. Und Mann und Frau hätten gleichermaßen Mühe beim Koitieren, wenn sie ermüdet sind. Aber auch zwei todmüde Menschen können einander mit Lippen und Zunge weiterlieben, wenn ihre Geschlechtsteile schon längst entschlummert sind.

Das Küssen der Brust

Es wird allgemein angenommen, daß es für fast jede Frau eine Vorbereitung auf den Koitus bedeutet, wenn man ihre Brustwarzen küßt. In der Praxis sieht das jedoch etwas anders aus, Frauen reagieren da ganz unterschiedlich. Während die Brüste einiger Frauen fast empfindungslos sind, sind sie bei anderen so empfindlich, daß es zum Orgasmus führen kann, wenn man ihre Knospen streichelt. Und obwohl es die meisten Frauen sehr genießen, wenn man an ihren Brüsten saugt, gibt es doch eine ganze Reihe, die das ablehnen. Ein Mann sollte auf jeden Fall herausspüren, was seine Partnerin davon hält, denn das Saugen ist an sich für beide eine Wohltat. Natürlich muß man äußerst behutsam mit der weiblichen Brust umgehen. Dabei wird man sehr schnell feststellen, daß bei vielen Frauen eine direkte Reizleitung zwischen Brust und Scheide besteht. Wenn man die beiden zarten Knöpfchen durch Küssen, Saugen oder Streicheln stimuliert, weckt das bei vielen Frauen höchst angenehme Gefühle in der Vulva und führt schnell dazu, daß die Vagina überfließt. Bei anderen Frauen scheint dieser Zusammenhang jedoch nicht zu bestehen. Es ist seltsam, aber Größe und Schönheit des Busens haben nichts damit zu tun, ob eine Frau es genießt, wenn man ihre Brüste küßt, leckt oder an ihnen saugt. Ist der Mann allerdings geduldig und geschickt genug, dann läßt sich diese scheinbare Empfindungslosigkeit meist überwinden. Die Reizleitungen sind immer vorhanden. Sie bleiben nur «tot», wenn es an Reizung fehlt.

Wie man besser erotisch küssen kann

Zunächst sollten die Mund- und Gesichtsmuskeln entspannt sein. Erst durch die Entspannung des Mundes und der Zunge wird erotisches Küssen möglich, da es nur so zu einem rundum genußvollen Kontakt mit Lippen und Zunge des Partners kommen kann. Ein verspannter, verkniffener Mund verliert nicht nur einen Großteil seiner Empfindsamkeit, sondern neigt auch dazu, gegen den des Partners anzukämpfen, statt sich ihm anzuschmiegen. In diesem Fall verliert ein Kuß viel von seiner Sinnlichkeit.

Dann sollte man immer daran denken, daß erotisches Küssen fast alle Sinne einbezieht – Tasten, Riechen, Schmecken, sogar Hören. Aus diesem Grunde muß man peinlich genau auf seine körperliche Reinlichkeit und Gesundheit achten. Schlechter Mundgeruch zum Beispiel kann häufig unerträglich ekelhaft sein und ist gewöhnlich ein Zeichen für krankhafte Störungen in Mund und Nebenhöhlen oder im Verdauungsapparat. Man sollte das richtig behandeln lassen, anstatt es bloß oberflächlich mit Mundwasser oder Deodorant zu überdecken. Ehe man mit jemandem ins Bett geht, sollte man sich vergewissern, ob man auch ganz sauber ist. Aufdringliche Gerüche nach scharf gewürzten Speisen können höchst unangenehm sein (Knoblauch!), besonders wenn der Partner nicht dasselbe gegessen hat. Genauso können Nichttrinker und Nichtraucher Alkohol- und Zigarettengerüche abstoßend finden.

All das ist wichtig, weil die Partner beim intensiven Küssen einander soviel wie möglich von Lippen und Zunge trinken sollten. Auf diese Weise können sie sich auch erproben. Widerstrebt der Austausch von Säften einem der beiden, dann paßt das Paar vielleicht doch nicht so gut zusammen wie es dachte, und jeder sollte sich einen sympathischeren Partner suchen, weil befriedigendes erotisches Küssen ohne uneingeschränktes Vergnügen auf beiden Seiten an den Säften des anderen unmöglich ist. Und ohne das fehlt ein wesentlicher Teil des Liebens.

Wir haben die Zähne bisher nicht erwähnt, aber auch sie spielen eine Rolle beim erotischen Küssen. Von Zeit zu Zeit kann man an Lippen oder Zunge des Partners mit den Zähnen spielen, aber immer ganz sacht, um dem andern nicht weh zu tun. Nur Masochisten finden Vergnügen am Schmerz. Vorsichtiges Beißen ist besonders an den Ohren, den Schultern und im Nacken angenehm. Viele Männer und Frauen finden das höchst aufregend, besonders beim Geschlechtsverkehr.

7
ENTWICKLUNG UND VERFÄLSCHUNG DES TAOS DER LIEBE

Das Tao der Liebe verdankt seine Existenz hauptsächlich dem Wunsch der alten Chinesen, Frau und Mann gleichermaßen zu befriedigen. Dies war den Menschen bewußt, als das Tao der Liebe vor mehreren tausend Jahren formuliert wurde. Damals hieß es «das Tao der Vereinigung von Yin und Yang», damit sollte die Harmonie zwischen Mann und Frau betont werden.

Um Yin und Yang miteinander in Einklang zu bringen, muß ein Mann seine Frau vollkommen befriedigen. Welchen Wert man darauf legte, geht aus verschiedenen Dialogen zwischen Huang-ti und seiner Beraterin Su-nü hervor, in denen die Reaktionen der Frau beim Liebesakt abgehandelt werden. In diesem Teil des Gesprächs schildert Su-nü fünf weibliche Verhaltensweisen, wenn der Mann sich ihr nähert:

«1. Wenn es sie nach ihm verlangt, verändert sich ihr Atem.

2. Wenn sie möchte, daß er eindringt, weiten sich ihre Nasenflügel, und ihr Mund öffnet sich.

3. Wenn sie die Flut des Yin herbeiwünscht, zittert sie und klammert sich an ihn.

4. Wenn es sie nach vollkommener Befriedigung verlangt, schwitzt sie ausgiebig.

5. Wenn sie vollkommen befriedigt ist, liegt sie ausgestreckt da, und ihre Augen sind geschlossen, wie im tiefen Schlaf.»

Im folgenden wird ausführlicher darauf eingegangen, wie die Frau reagiert und was der Mann alles tun kann, um sie zu befriedigen.

«1. Sie hält den Mann mit beiden Armen fest. Dies deutet darauf hin, daß es sie nach engerem Körperkontakt verlangt.

2. Sie hebt die Beine. Dies deutet darauf hin, daß sie mehr Reibung an ihrer Klitoris wünscht.

3. Sie wölbt den Unterbauch vor. Dies deutet darauf hin, daß es sie nach flacheren Stößen verlangt.

4. Ihre Schenkel bewegen sich. Dies deutet darauf hin, daß sie es sehr genießt.

5. Sie gebraucht ihre Füße wie Haken, um den Mann zu sich zu ziehen. Dies deutet darauf hin, daß es sie nach tieferen Stößen verlangt.

6. Sie schlingt die Beine um seinen Rücken. Dies deutet darauf hin, daß es sie nach mehr verlangt.

7. Sie wirft sich von einer Seite auf die andere. Dies deutet darauf hin, daß es sie nach tiefen Stößen rechts und links verlangt.

8. Sie bäumt sich auf und preßt sich an ihn. Dies deutet darauf hin, daß sie es außerordentlich genießt.
9. Sie entspannt sich. Dies deutet darauf hin, daß Körper und Glieder befriedigt sind.
10. Ihre Jadepforte ist naß. Die Flut des Yin ist gekommen. Der Mann kann selber sehen, daß seine Frau glücklich ist.»

Wu Hsien, der Tao-Meister der Liebe aus der Epoche der Han-Dynastie (206 v. Chr. bis 219 n. Chr.), nennt ebenfalls eine Reihe von Anzeichen, die darauf hindeuten, daß die Frau erregt ist:

«1. Sie keucht, und ihre Stimme zittert unwillkürlich.
2. Sie schließt die Augen, ihre Nasenflügel weiten sich, und sie ist unfähig zu sprechen.
3. Sie starrt den Mann an.
4. Ihre Ohren und ihr Gesicht röten sich, aber ihre Zungenspitze wird ein wenig kühler.
5. Ihre Hände sind heiß, und ihr Unterleib ist warm. Gleichzeitig wird ihr Sprechen fast unverständlich.
6. Sie sieht wie verzaubert aus, ihr Körper ist weich wie Pudding, und ihre Glieder sind schlaff.
7. Der Speichel unter ihrer Zunge ist aufgesogen, und ihr Körper preßt sich an den des Mannes.
8. Das Pulsieren ihrer Jadepforte wird wahrnehmbar, und das Naß strömt.»

Mahnend fügt Wu Hsien hinzu: «Die genannten Anzeichen beweisen, daß sie höchst erregt ist. Aber der Mann muß Herr der Lage bleiben und ohne unziemliche Hast die Vereinigung genießen.»

Bis vor kurzem war der Gedanke, daß es sehr wohl auf die Befriedigung der Frau ankommt, revolutionär. Und es bedurfte buchstäblich einer «sexuellen Revolution» im Westen, um ihn zu akzeptieren. Im alten China gehörte er jedoch zu den Grundgedanken der taoistischen Lehre. Als das Tao der Liebe formuliert wurde, hatte sich die chinesische Gesellschaft vermutlich gerade erst vom Matriarchat zum Patriarchat gewandelt. Zu dem Zeitpunkt war die Frau dem Mann fast gleichgestellt. So waren zum Beispiel damals drei von vier Ratgebern des Gelben Fürsten Frauen. Dies mag der Grund dafür sein, daß die ersten Texte über das Tao der Liebe der wechselseitigen Harmonie und der Gleichstellung in den sexuellen Beziehungen so große Bedeutung beimessen.

Viele Jahrhunderte später, während der Han-Dynastie, verlagerten sich die Gewichte. Der Mann wurde mehr und mehr privilegiert – politisch, sozial und sexuell –, und von der Gleichrangigkeit der Frau war nichts mehr zu bemerken. Zu dem Zeitpunkt war das Tao der Liebe unter folgenden Bezeichnungen bekannt:

Das Tao des Yin

Das Verhältnis zwischen Yin und Yang

Die Technik des Yin und Yang

Die Technik der Inneren Kammer

Es ist bezeichnend, daß damals das Wort «Technik» in diesem Zusammenhang zum erstenmal auftauchte. Was ursprünglich eine Philosophie der Liebeskunst gewesen war, war zu einer Koitus-Anweisung heruntergekommen. Es wurden damals von verschiedenen Autoren mehrere Bücher geschrieben, und doch sprachen sie alle vom *Tao des Yin*. Es mag auf den ersten Blick den Anschein haben, als behandelten sie das Tao aus der Sicht der Frau. Tatsächlich bezogen sie sich jedoch ausschließlich auf den Mann und darauf, wie er seine Frau, sprich: sein «Yin», am besten gebrauche. Was galt, war der Standpunkt des Mannes. Die Frau war untergeordnet und wurde bloß als Werkzeug zum Vergnügen des Mannes betrachtet. Wie alles andere war der Liebesakt ausschließlich zum Nutzen des Mannes und zur Befriedigung der männlichen Eitelkeit da, wobei der Frau die Aufgabe zufiel, die Überlegenheit des Mannes deutlich zu machen.

Im alltäglichen Leben sah es jedoch nicht ganz so schlimm aus. Die alten Prinzipien des Taos überdauerten den gesellschaftlichen Verfall. Die Tao-Meister hörten nicht auf, darauf hinzuweisen, wie wichtig es sei, die Frau zu befriedigen. Ohne die aktive Mitwirkung der Frau konnte der Mann den Liebesakt nicht wirklich genießen. In der Arbeit der Kronhausens über asiatische Erotika findet sich ein interessanter Kommentar zu diesem Punkt. Die Autoren vermerken den Unterschied zwischen der chinesischen und der japanischen Einstellung zur Rolle der Frau beim Liebesakt: «Ein anderer interessanter Unterschied, der uns beim Vergleich chinesischer und japanischer Eros-Darstellungen auffiel und der die in diesen bildlichen Darstellungen zum Ausdruck kommende verschiedene Einstellung zur Sexualität verdeutlicht, besteht darin, daß in der chinesischen erotischen Kunst der Mann die Frau nicht selten um einen Beischlaf anfleht, während im Gegensatz dazu in der erotischen Kunst Japans weibliche Zurückhaltung und weiblicher Widerstand von männlicher Angriffslust besiegt werden, bis hin zum erzwungenen Beischlaf; in chinesischen Erotika hingegen kommen Vergewaltigungen äußerst selten vor.»[1]

Natürlich, denn nach Ansicht der chinesischen Taoisten konnte ein Mann den Beischlaf nur dann genießen, wenn er und seine Partnerin miteinander im Einklang standen. Es ist uns keine der Handschriften über das Tao des Yin aus der Zeit der Han-Dynastie erhalten geblieben,[2] aber ein Tao-Meister der Liebe, Pao-p'u-tzu aus dem vierten Jahrhundert, der große Alchimist Ko Hung, schrieb: «Wer das Tao der Liebe nicht kennt oder nicht daran glaubt, dem nützen auch die besten Arzneien und das beste Essen der Welt nichts . . .»

«In alten Zeiten verglichen Hsüan-nü und Su-nü [zwei Beraterinnen des Gelben Fürsten] die Vereinigung von Mann und Frau mit Feuer und Wasser. Wasser und Feuer können töten, aber sie können auch Leben schenken. Es hängt alles davon ab, ob einer das Tao wirklich kennt. Wenn ein Mann das Tao kennt, dann tut es seiner Gesundheit gut, viele Frauen zu lieben. Aber wenn er das Tao nicht kennt, dann kann schon eine einzige Frau ihn ins Grab bringen.»

Von der Sui- bis zur Ming-Dynastie

Während der nächsten, der dritten Periode, die mit der Sui-Dynastie (589–618 n. Chr.) begann und bis zum Ende der Ming-Dynastie (1368–1643) dauerte, gingen die ursprüngliche Harmonie und das gute Einvernehmen zwischen Mann und Frau gänzlich verloren. Die Liebesgemeinschaft der Gatten, die es unter dem Gelben Fürsten gegeben hatte, wurde unter den späteren Herrschern von einer Sexualmoral verdrängt, die viel mit Aberglauben zu tun hatte. Die Männer wurden aufgefordert, den Frauen zu mißtrauen und sie zu fürchten. Das Tao der Liebe wurde verfälscht. Chung-ho-tzu, ein Tao-Meister der Liebe aus dem 16. Jahrhundert, schrieb: «Wenn ein Mann seine Yang-Substanz nähren will, darf er seine Frau *nichts* von seiner Technik wissen lassen. Wenn er das Geheimnis seiner Frau gegenüber leichtfertig preisgibt, wird seine Technik nicht nur wirkungslos werden, sondern sich sogar gegen ihn richten. Das ist so, als überließe man seinem Feinde die eigene tödliche Waffe.»

An anderer Stelle wird ein Beispiel dafür angeführt, wie schlecht es einem Mann ergehen kann, der in die Hände der falschen Frau gerät: «Es ist nicht nur möglich, daß ein Mann sein Yang nährt, indem er sich Yin-Substanz bei der Frau holt. Eine Frau kann sich auch Yang-Substanz vom Manne holen, ihr Yin zu nähren. Die Königinmutter des Westens[3] war solch eine Frau. Wenn sie sich mit einem Manne vereinigte, wurde dieser sofort danach krank, während sie selber jugendlich und ohne Puder oder Schminke hübsch blieb. Es heißt, daß sie sich von Milch und Käse nährte und es liebte, die fünfsaitige Laute zu spielen, um sich die Harmonie von Herz und Gedanken zu bewahren. Es heißt auch, daß die Königinmutter keinen Gatten besaß, aber das Liebesspiel mit jungen Männern pflegte. Ihr Leben ist kein gutes Beispiel; auch wenn sie die hohe Stellung einer Königinmutter innehatte, war es nicht recht, sich so zu verhalten.»

Abergläubische Vorstellungen und Vampirglaube

Dies ist bloß eine von mehreren abergläubischen Vorstellungen, die sich viele Jahre nach dem Entstehen des Taos der Liebe entwickelten. Ich persönlich habe meine eigene Methode des Taos der Liebe nie vor meiner Partnerin geheimgehalten und bin wie die alten Chinesen der Ansicht, daß beide Partner wissen sollten, worum es geht, um gemeinsam die größte Befriedigung zu erreichen. Die Königinmutter in dieser etwas fabelartigen Geschichte besitzt alle Eigenschaften eines Vampirs. Die ältere Frau, die es nach jüngeren Männern gelüstet; die übernatürliche Gabe, ohne den Gebrauch von Kosmetika jung zu bleiben; daß die Königinmutter ruhig und gelassen bleibt, obwohl sie die Ursache von Tod und Zerstörung ist, paßt zu dem in allen Kulturen verbreiteten Mythos von der Femme fatale.

Der Vampirglaube ist eine westliche Vorstellung. Der norwegische Maler Edvard Munch hat ihn in Lithographien und Ölgemälden dargestellt. Es gibt verschiedene Arbeiten von ihm mit dem Titel *Vampir*. Alle zeigen eine junge Frau, die einen jungen Mann in den Nacken küßt, und erwecken den Eindruck, als ob hier ein Vampir dem jungen Mann das Blut aussaugt. Sein Leben lang hat Munch die Nähe zu Frauen gemieden: Er glaubte, daß der Geschlechtsakt mit einer Frau einer Paarung mit dem Tode gleichkomme. Er wurde in seiner krankhaften Angst vor Frauen noch bestärkt, als sein Bruder Andreas 1895 in jungen Jahren starb, nachdem er gerade sechs Monate verheiratet gewesen war. Munch hielt seine Schwägerin für eine gute Frau, sie erschien ihm aber zu aktiv und energisch für seinen Bruder.

Die alten Chinesen hatten in mancher Hinsicht ähnliche Vorstellungen von den Beziehungen der Geschlechter wie Munch. Auch sie glaubten, daß Geschlechtsverkehr für den Mann tödlich sein könne. Aber sie kamen zu anderen Schlußfolgerungen. Anstatt sich in sich selbst oder in eine morbide Wahnvorstellung zurückzuziehen, erdachten die Chinesen das Tao der Liebe. Das Tao macht den Geschlechtsverkehr nicht nur unschädlich für den Mann, sondern wohltätig für beide Geschlechter. Genauso wie der Mensch es gelernt hat, wilde Flüsse zu lenken und zu zähmen und sie zum Wohle der Menschheit nutzbar zu machen, haben die taoistischen Meister die Sexualität reguliert zum Wohle der Menschheit.

Einige verwirrende Vorstellungen

Dem Tao zufolge konnte das Liebesspiel einer Frau – gleich welchen Alters – nur dann schaden, wenn ihr Liebhaber unerfahren war und sie ständig unbefriedigt blieb. Aus diesem Grunde sah das Tao der Liebe die Befriedigung der Frau als eines seiner wichtigsten Prinzipien an. Es wies jedoch wiederholt darauf hin, daß ein Mann in Gefahr geraten könne, wenn seine Frau ihn beharrlich dazu dränge zu ejakulieren. Der wichtigste Teil der Theorie, die Steuerung der Ejakulation, entstand aus dem Bemühen heraus, die Frau zu befriedigen und die Gesundheit des Mannes zu erhalten.

Wir können nur vermuten, wie es zu der Vorstellung kam, die Frau sei die größte Feindin des Mannes. Sie könnte aus dem ersten Buch über das Tao der Liebe, dem *Su-nü-ching*, herrühren. Su-nü benutzt darin im Zusammenhang mit dem Hinweis, daß ein Mann sein *ching*, also seinen Samen, hüten müsse, das Wort «Feind»: «Wenn ein Mann seinem Feinde gegenübersteht, sollte er ihn als einen Ziegel oder einen Stein betrachten und sich selber als eine Kostbarkeit wie Gold oder Jade. Sobald er spürt, daß er die Beherrschung über sein *ching* verliert, sollte er sich sofort zurückziehen. Einer Frau beizuwohnen, ist wie ein galoppierendes Pferd mit brüchigen Zügeln zu reiten. Oder so gefährlich wie am Rande einer tiefen Schlucht zu gehen, die voller Dornen ist. Wenn ein Mann es aber gelernt hat, sein *ching* zu hüten, ist er bei der Frau gut aufgehoben.»

Dies ist eine eindrucksvolle, bildhafte Warnung für einen jungen Mann, aber man kann darüber streiten, was Su-nü gemeint hat, als sie das Wort «Feind» benutzte. Ich selber bin der Ansicht, daß man ihre Worte aus dem Zusammenhang gerissen und ihren Sinn verdreht hat. Es war nicht Su-nüs Absicht, die Frauen als «Feinde» zu verdammen, sondern die Männer zu

95

ermutigen, ihr *ching* zu hüten. In dieser Absicht bediente sie sich aller möglichen Metaphern und Gleichnisse – Pferd, Gold und Jade, Dornenschlucht – und eben auch der Bezeichnung «Feind». Später griffen dann einige Autoren, die über das Tao der Liebe schrieben, diese Metapher auf, um so ihre eigenen Vorurteile über Frauen zu erhärten, und korrumpierten so ihren Sinn. Es ist nicht wahrscheinlich, daß Su-nü ihr eigenes Geschlecht auf diese Weise verraten hat.

Eine andere verwirrende Vorstellung, die sich an das Tao der Liebe knüpfte und noch weitere Verbreitung fand, war die, in einer Nacht so viele Frauen wie möglich zu lieben. Viele spätere Autoren haben dies besonders empfohlen. Dies mag ein Erbe der polygamen Gesellschaft im alten China sein. Wenn man bedenkt, daß ein Mann, der das Tao der Liebe beherrscht, durchaus in der Lage ist, viele Frauen in einer Nacht zu befriedigen, fragt man sich, warum nicht gleich einen ganzen Harem? Aber keine der drei Beraterinnen Huang-tis hat ihm jemals vorgeschlagen, viele Frauen in einer Nacht zu lieben. Jedenfalls nicht in den Dialogen, die uns schriftlich überliefert sind. Nur P'eng-tsu, sein männlicher Berater, hat ihm dies nahegelegt.

Seit der Sui-Dynastie verschlechterte sich die Stellung der Frau weiter. Während der T'ang-Zeit zum Beispiel (618–906 n. Chr.) fand die Lehre des Taoismus und damit auch das Tao der Liebe weite Verbreitung. Und doch wurde gleich nach dieser Zeit die entwürdigende Sitte des Füßebindens eingeführt. Die Frauen wurden zum Spielzeug für Männer, das man gebrauchen und dann wegwerfen konnte. Das Tao der Liebe wurde dementsprechend mehr und mehr verfälscht, und es kursierten verschiedene Bezeichnungen, die alle eine neue, vom ursprünglichen Tao der Liebe abweichende Einstellung widerspiegelten:

Die Kammertechnik
Das Tao der Vereinigung
Vereinigung
Die Methode des Liebens
Der Kampf des Inneren Gemachs
Der Kampf zwischen Yin und Yang

Die alte, aus der taoistischen Lehre hervorgegangene Vorstellung von Harmonie und beiderseitigem Nutzen war abhanden gekommen, die Liebe zu einem Kampf geworden. Aus diesem Grunde haben einige westliche Gelehrte wie beispielsweise van Gulik Elemente des Vampirglaubens im Tao der Liebe gesehen. Das ist naheliegend. Wer sich mit den in dieser Zeit entstandenen Schriften über das Tao der Liebe befaßt, muß diesen Eindruck gewinnen. Chung-ho-tzu zum Beispiel verfälschte den ursprünglichen Gedanken des Taos der Liebe – die Harmonie zwischen Yin und Yang –, um seine eigene Vorstellung von «der Schlacht der Geschlechter» zu vermitteln. Erst als der hervorragende englische Gelehrte Joseph Needham den frühen Taoismus erforschte und zu eigenen, exakteren Ergebnissen kam, änderte van Gulik seine Ansicht in dieser Frage.

Wie das Tao der Liebe fast in Vergessenheit geriet

Vom Beginn der Sui-Zeit an, vielleicht mit Ausnahme der frühen T'ang-Periode, verloren der Taoismus und zugleich das Tao der Liebe mehr und mehr ihren Einfluß. Während der Ch'ing- oder Mandschu-Dynastie verschwanden sie nahezu ganz. Die Mandschus waren Fremdherrscher in China und fürchteten den unabhängigen Geist der Taoisten, die sie rücksichtslos unterdrückten. Die Idee der Gleichrangigkeit der Frau und der Gedanke an ihr Recht auf sexuelle Befriedigung waren vergessen.

Das Zeitalter der Qual und Frustration

Wenn wir nach einem Namen für unser eigenes Zeitalter suchen, dann wäre vielleicht «Das Zeitalter der Qual und Frustration» eine angemessene Bezeichnung: Gemeint sind die Qual und die Frustration der Unbefriedigten im Bett. Die grundlegenden Tatsachen über die sexuellen Bedürfnisse der Frau sind bereits aufgedeckt worden in wissenschaftlichen Untersuchungen von Sexologen wie Masters und Johnson und in populärwissenschaftlichen Büchern von Schriftstellern wie Kate Millett (*Sexus und Herrschaft*) und Norman Mailer (*Gefangen im Sexus*). Dieses Thema ist heute nicht mehr tabu. Seitdem Havelock Ellis Anfang dieses Jahrhunderts darauf hingewiesen hat, daß es in unseren Ehebetten möglicherweise nicht zum besten stehe, ist die weibliche Unzufriedenheit fast überall zum wichtigen Thema der modernen sexuellen Aufklärung geworden. Kinsey war der erste, der Statistiken aufstellte. Aus seinen Untersuchungen geht hervor, daß selbst angeblich glücklich verheiratete Paare die Liebe nur in mageren Portionen genießen. Es war Kinsey, der feststellte, daß der Geschlechtsakt für drei Viertel aller Männer in den Vereinigten Staaten nur zwei Minuten oder noch kürzer dauert. Und Masters hat in jüngster Zeit erklärt, das Liebesspiel sei für manche Ehepaare «so selten wie Weihnachten». Das kann die Bedürfnisse einer Frau nicht befriedigen, läßt sich jedoch ändern. Hier kann das Tao der Liebe Abhilfe schaffen. Ein Mann, der das Tao erlernt hat, kann seine Partnerin vollkommen befriedigen,[4] was seinen eigenen Genuß wiederum sehr steigern wird. Er sieht und spürt, daß seine Frau befriedigt ist, was an sich schon ein großes Vergnügen ist. Und außerdem werden beide die Harmonie von Yin und Yang genießen.

Manche Leute mögen all das für Zeitverschwendung halten. Höchstwahrscheinlich werden dieselben Leute jedoch ohne weiteres viele Stunden auf einer Cocktailparty oder einen ganzen Abend bei einem üppigen Diner verbringen. Vergleicht man nun, welchen Genuß man aus diesen verschiedenen Tätigkeiten bezieht, wird man feststellen, daß wir die Prioritäten falsch gesetzt haben. Wenn wir vom Tao lernen und dem Essen und Trinken etwas weniger und dem Lieben etwas mehr Beachtung schenken könnten, wären wir wahrscheinlich alle glücklicher und gesünder.

8
DIE
ÜBERWINDUNG
DER
IMPOTENZ

Irgendwann leiden die meisten Männer an zeitweiliger Impotenz. Das ist vielleicht etwas übertrieben ausgedrückt. Gemeint ist, daß die meisten Männer irgendwann einmal gerne mit einer Frau schlafen würden und feststellen müssen, daß ihr Körper nicht dazu in der Lage ist. Aus den *Geheimnissen der Jadekammer* erfahren wir, daß selbst der Gelbe Fürst solche qualvollen Augenblicke durchlebt hat. In einem Dialog mit dem Einfachen Mädchen schildert er seine mißliche Lage und bittet sie um ihren Rat:

Huang-ti: «Es verlangt mich nach dem Liebesspiel, aber mein *yü-ching* will sich nicht aufrichten. Das beschämt mich so, daß mir der Schweiß aus dem Leibe perlt. Mein Herz sehnt sich danach zu lieben, und ich wünschte, ich könnte mit meiner Hand nachhelfen. Was ist da zu tun? Ich wünsche das Tao zu hören.»

Su-nü: «Das, was Euer Majestät zu schaffen macht, macht allen Männern zu schaffen. Um sich mit einem Weibe zu vereinigen, muß der Mann die rechten Vorbereitungen treffen. Nur wenn sie von Harmonie umgeben sind, kann er hoffen, daß sein *yü-ching* sich aufrichtet. Dies sind die Einzelheiten, die er zu beachten hat:

1. Er muß seine fünf Orbes [Funktionskreise] in Ordnung bringen.
2. Er muß die neun erotischen Zonen seiner Frau fühlen können.
3. Er muß die fünf wunderbaren Talente seiner Frau zu würdigen wissen.
4. Er muß sie zu erregen wissen, um in den Genuß ihrer überquellenden Feuchte zu gelangen.
5. Er sollte ihren Speichel trinken, auf daß sein *ching* und ihr *ch'i* zur Harmonie finden.
6. Er sollte die sieben Schädigungen meiden.
7. Er sollte die acht nützlichen Dinge tun.

Wenn er all das tut, werden seine fünf Orbes [Funktionskreise] in Ordnung und seine Gesundheit geschützt sein, und keine Krankheit wird sich bei ihm einnisten. Sein Körper wird ruhig arbeiten. Sein *yü-ching* wird sich jedesmal, wenn er in eine Frau eindringt, hoch aufrichten.[1] Auf diese Weise wird sogar sein Feind ihm Bewunderung zollen und zu seinem Freund werden, und jegliche Scham wird der Vergangenheit angehören.»

Das ist außerordentlich praktisch gedacht. Selbst mit Hilfe der modernen Wissenschaft könnten Ärzte, Psychologen und Psychiater ihren Patienten heute keinen besseren Rat geben. Su-nü sagt im Grunde nichts anderes, als daß man entspannen und genießen soll und sich keine Sorgen um die Erektion machen darf, sondern sich statt dessen auf die erotische Stimulierung der Partnerin konzentrieren soll. Bezeichnend ist der letzte Satz des Dialogs. Selbst im alten China war Potenz etwas Erstrebenswertes und ein Synonym für Männlichkeit. Wenn ein Mann keine Erektion haben konnte, war er genau wie heute verlegen und beschämt. Allen wissenschaftlichen Beweisen zum Trotz weigern sich die meisten Männer zu glauben, daß zeitweilige Impotenz eine natürliche und weitverbreitete Erscheinung ist. Oder sie glauben es, sind aber *dennoch* beschämt. Eine solche vorübergehende Impotenz ist nicht schlimmer als eine Erkältung – unangenehm und störend, aber kein Grund zur Sorge. Und man kann es lernen, sie zu verhüten. Hätten wir die Impotenz so nüchtern behandelt wie eine Erkältung, träte sie wahrscheinlich viel seltener auf. Leider ist das leichter gesagt als getan. Eine einzige Erfahrung mit zeitweiliger Impotenz kann eine tiefsitzende Angst vor dauernder Impotenz auslösen. Modernen Sexualwissenschaftlern zufolge ist die Angst vor Impotenz die Hauptursache in den meisten Fällen von sogenannter Impotenz. Bei Masters und Johnson heißt es dazu in *Impotenz und Anorgasmie*: «Bei jeder Gelegenheit zu sexuellem Kontakt wird er von der Angst beherrscht, ob er wohl in der Lage sein werde zu erigieren, seine Funktion zu erfüllen, wie man das von einem ‹normalen› Mann erwartet. Er ist ständig bemüht, eine volle Erektion zu erreichen und aufrechtzuerhalten, damit ihm das Einführen des Penis gelingt . . . Stark vereinfacht kann man sagen, daß dieser Mann durch seine Ängste das natürliche Zustandekommen einer Erektion verhindert . . . Bei vielen Männern, die sich vor sexueller Betätigung fürchten, ist dieses natürliche Reaktionsmuster derartig gestört, daß ihnen bei jeder sich bietenden Gelegenheit der kalte Schweiß ausbricht.»[2]

Jeder, der einmal plötzliche Angst erfahren hat, wird sich immer daran erinnern, wie trocken sein Mund und wie sein Körper in kalten Schweiß gebadet war. Es ist traurig oder sogar tragisch, daß manche Männer auf die Gelegenheit zu liebender Ekstase mit panischem Schrecken reagieren.

Es gibt noch etwas anderes, was den Mann im Zusammenhang mit der Impotenz frustriert. Er glaubt, daß er nichts dagegen tun kann. Das hat

Huang-ti beunruhigt, und das hat auch Goethe beunruhigt. Er schildert eine Erfahrung, die er in einem Landgasthaus machte, als er einer hübschen jungen Frau begegnete. Er fühlte sich zu ihr hingezogen, und offenbar erwiderte das Mädchen seine Gefühle. Es gelang ihnen ohne große Schwierigkeiten, miteinander ins Bett zu gehen, aber im kritischen Augenblick weigerte sich sein Phallus, sich aufzurichten, und das beschämte ihn so, daß er seinen Gefühlen in einem Gedicht Luft machen mußte, wo es heißt:

Und wie ich Mund und Aug und Stirne küßte,
So war ich doch in wunderbarer Lage:
Denn der so hitzig sonst den Meister spielet,
Weicht schülerhaft zurück und abgekühlet.

Er erzählt weiter, daß er die Lage nicht meistern konnte. Er konnte überhaupt nichts tun. Er konnte keinen Finger rühren, um sich zu helfen. Er empfand die Demütigung so stark, daß er fortfuhr:

Weit lieber da, wo's Hellebarden regnet,
Als hier im Schimpf!

Nun, hier irrt Goethe. Er hätte sich helfen können – mit den Fingern! Wenn er das Tao der Liebe gekannt hätte, wäre er nicht so hilflos gewesen, als sein Penis schlaff blieb.

Wie die Impotenz zu überwinden ist

Das Tao der Liebe hat kein Wort für Impotenz. Die alten Chinesen betrachteten das nie als ein wichtiges Problem. Selbst im Westen ist Impotenz ein überstrapaziertes, mißbrauchtes Wort, eher pejorativ als wissenschaftlich. Eigentlich bezeichnet es nur die Unfähigkeit, Geschlechtsverkehr auszuüben. Es schwingt jedoch auch Hilflosigkeit darin mit. Wenn sich der Penis eines Mannes nicht aufrichtet, ist er aber keineswegs hilflos. Das Tao weiß hier Rat. Er kann tun, was Su-nü empfiehlt: Er kann den Gedanken an eine Erektion vergessen und sich auf den Körper seiner Partnerin, ihre Schönheit und ihren Charme konzentrieren. Außerdem kann er darauf bedacht sein, ihr auch ohne seinen Penis soviel Lust wie möglich zu bereiten.
Es gibt viele Arten, sexuelle Lust zu geben und zu empfangen. Man kann den Körper der Partnerin mit den Händen, den Lippen und der Zunge genießen. Nicht nur ihr Aussehen, sondern auch ihr Geruch und ihre Haut

103

sprechen die Sinnlichkeit an. Wenn man die sensitiven Zonen ihres Körpers streichelt, wird sie das erregen. An ihrem Rückgrat entlangfahren, sacht an ihren Brustknospen saugen, bis sie hart werden, ihre Vulva küssen und ihre Klitoris mit der Zunge kitzeln, dann noch tiefer eindringen, bis ihr eigenes Naß ihre Schenkel benetzt. Ihre Erregung wird wiederum den Mann erregen. Ihre Erregung kann bei ihm zu einer Erektion führen. Wenn dem so ist, dann ist sein Problem gelöst, und er kann in ihre Scheide eindringen. Wenn nicht, kann er mit Hilfe dessen, was das Tao der Liebe die Methode des «weichen Eindringens» nennt, dennoch hineingelangen.

Die Methode des weichen Eindringens

Hier geht es darum, daß ein Mann auch ohne Erektion, mit Unterstützung seiner Finger, in seine Partnerin eindringen kann. Wenn er erfahren genug ist und geschickte Hände besitzt, kann er sogar einen vollkommen schlaffen Phallus in eine Frau einführen und sich und ihr dabei Lust verschaffen. Richtig ausgeführt, kann das «weiche Eindringen» sogar eine aufregende neue Erfahrung für die Frau sein. Wenn der Penis erst einmal in ihr drin ist, wird er wahrscheinlich steif werden, vorausgesetzt, der Mann folgt den Ideen des Taos der Liebe. Natürlich kann ein Buch wie dieses nur Richtlinien empfehlen. Es gibt keine starren Regeln. Jeder einzelne muß phantasievoll und wandlungsfähig genug sein, um sich in verschiedenen Situationen angemessen zu verhalten. Wandlungsfähigkeit ist nicht nur eine Sache des gesunden Menschenverstandes, sondern auch ein Grundprinzip des Taos. Wenn ein Rat undurchführbar ist, sollte man ihn in den Wind schlagen. Wenn er sich als nützlich erweist, sollte man ihn in die Tat umsetzen. In der Liebe gibt es, wie auf den meisten anderen Gebieten auch, nur ganz wenige feste Regeln. Mit dieser Einschränkung sei hier also dargestellt, wie man das «weiche Eindringen» erfolgreich bewerkstelligt:

1. Die bequemsten Stellungen zu diesem Zweck sind entweder die Seitenlage mit einander zugewandten Gesichtern oder die Mann-oben-Position.

2. Das Paar sollte sich gegenseitig streicheln und umarmen, solange es beiden gefällt.

3. Der Mann sollte erst dann versuchen, den Penis einzuführen, wenn die Frau genügend Scheidensekret produziert hat. Bleibt die vaginale Lubrikation auch nach einem ausgedehnten Vorspiel aus, kann man ein künst-

liches Gleitmittel anwenden. Der beste und am ehesten verfügbare Ersatz ist Pflanzenöl, das sich aufgrund seiner natürlichen Zusammensetzung als ungefährlich und wirkungsvoll empfiehlt. In einem Artikel mit dem Titel «Leben auf der menschlichen Haut», der 1969 in der Januar-Nummer von *Scientific American* erschien, schrieb Mary J. Marples, eine Ärztin und Zoologin: «Aus der Sicht des Ökologen ist der interessanteste Verteidigungsmechanismus jedoch einer, der sich aus der Stoffwechseltätigkeit der ansässigen Flora ergibt. Es ist seit einigen Jahren bekannt, daß ungesättigte Fettsäuren (der Hauptbestandteil der meisten Pflanzenöle) einen wichtigen Bestandteil des Talgs der Hautoberfläche bilden und daß diese das Wachstum verschiedener bakterieller und pilzartiger Erreger von Hautkrankheiten hemmen.»

Früher benutzten Ärzte im Osten und im Westen Pflanzenöle, um Wunden und Hautleiden zu behandeln. Aber ein Ersatzgleitmittel sollte nur im Notfall angewandt werden. Nichts ist so gut wie die natürlichen Säfte der Frau.

4. Wenn die Frau das Ersatzmittel nicht bei sich anwenden möchte, kann der Mann Spitze und Schaft seines Penis damit einreiben.

5. Bei der Methode des «weichen Eindringens» kommt es auf die Geschicklichkeit der Finger an, die den Penis in die Vagina hineinmanövrieren. Ist dies vollbracht, bilden die Finger an der Wurzel des Penis einen Ring, um den Schaft wenigstens halb steif zu machen. Dieser Fingerdruck hat dieselbe Wirkung wie ein Gummiband. Der Fingerdruck ist jedoch besser als ein künstlicher Ring. Erstens kann man selber bestimmen, wie eng der Ring den Penis umschließt. Zweitens kann man loslassen, sobald es nicht mehr nötig ist, und wenn der Phallus dann von neuem Unterstützung braucht, kann man wieder mit den Fingern nachhelfen, ohne daß man ihn herausziehen muß, um einen künstlichen Ring anzubringen. Und drittens läuft keiner der Partner Gefahr, sich zu verletzen.

Unter diesen Umständen werden die meisten Männer in der Lage sein zu erigieren.

Sicherheit

Die Technik des «weichen Eindringens» kann sowohl Erfahrenen als auch Unerfahrenen von Nutzen sein. Der Neuling braucht die Blamage weniger zu fürchten, und der Erfahrene wird seltener versagen. Wenn es erst einmal zum Stoßen gekommen ist, können die meisten Männer eine Erektion aufrechterhalten, es sei denn, sie haben ein ernsthaftes psychisches Problem. Die Möglichkeit des «weichen Eindringens» zerstört zwei Legenden über den Geschlechtsakt. Zum einen die, daß ein Mann nur dann in eine Frau eindringen kann, wenn er eine Erektion hat. Und zum andern die, daß es eine zur Einführung ausreichende Erektion sein muß. Manche Leser kommen vielleicht zu dem Schluß, daß die Technik des «weichen Eindringens» nur für Männer mit Problemen von Bedeutung sei. Dem ist keineswegs so. Das «weiche Eindringen» kommt nicht nur für Anfänger oder den Problemfall in Frage, sondern ist ganz einfach ein wesentlicher Teil des Taos der Liebe: Niemand kann sicher sein, jederzeit erigieren zu können. Die Methode des «weichen Eindringens» aber erlaubt dem Mann tatsächlich, seine Partnerin zu lieben, wann immer ihr danach ist.

Es gibt keine Garantie dafür, daß die Methode jedem glückt. Kein System kann Wunder wirken. Die Methode des «weichen Eindringens» bietet dem Mann, der es lernt, sie richtig anzuwenden, einfach eine gute Aussicht auf Erfolg. Sie wird jedoch nicht glücken, wenn ein Mann physisch, geistig oder emotional erschöpft ist – oder wenn er unterernährt oder aus anderen Gründen entkräftet ist. Unter normalen Bedingungen kann man mit ihrer Hilfe aber immerhin ohne Erektion einen Vagina-Penis-Kontakt zustande bringen.

Größe und Form des Phallus (und Entwicklungsübungen)

Seit undenklichen Zeiten haben Männer sich um Größe und Form ihres Penis Gedanken gemacht und bedurften der Versicherung, daß es für die Frau nicht wichtig sei, wie groß das Geschlechtsorgan ist, sondern wie empfindsam und geschickt er damit verfährt. Im allgemeinen stimmt die Ansicht der alten Chinesen über die Penisgröße mit den Ergebnissen der modernen Forschung überein.

Fast alle Texte über das Tao der Liebe gehen übereinstimmend davon aus, daß Größe und Form des Penis wenig damit zu tun haben, ob die Frau befriedigt wird oder nicht. In einem Gespräch mit dem Gelben Fürsten verwendet seine Beraterin Su-nü viel Mühe darauf, seine Sorge um die Verschiedenheiten männlicher Phalli zu zerstreuen:

Huang-ti: «Warum haben die Liebeswerkzeuge der Männer so viele verschiedene Größen und Formen?»

Su-nü: «Größe und Form ihrer Liebeswerkzeuge sind so verschieden wie ihre Gesichter. Ob sie groß oder klein, lang oder gedrungen, hart oder weich sind, sie waren schon bei ihrer Geburt so beschaffen. Manchmal besitzt ein kleiner Mann ein beeindruckend großes Instrument, während ein beeindruckend großer Mann nur ein kleines besitzt. Einige Geschlechtsorgane sind gerade, und andere sind gebogen, und manche wiederum sehen furchterregend aus. Aber all das spielt keine Rolle, wenn sich der Mann mit der Frau vereinigt.»

Huang-ti: «Du meinst, diese Unterschiede von Größe und Form beeinflussen die Lust der Vereinigung überhaupt nicht?»

Su-nü: «Die unterschiedliche Größe und Form ist ein rein äußerliches Merkmal. Die wahre Schönheit und Lust der Vereinigung beruht auf dem Gefühl. Wenn ein Mann die Vereinigung mit Liebe und Achtung sieht und sie dann mit echtem Gefühl ausführt, wie kann da ein kleiner Unterschied von Größe und Form noch von Bedeutung sein?»

Huang-ti: «Und wie ist das mit dem Unterschied von Härte und Weichheit?»

Su-nü: «Klein und kurz, aber hart ist besser als lang und groß, aber weich. Es ist jedoch viel besser, weich und schwächlich zu sein, dafür aber zart und liebevoll, als hart und fest, dabei aber grob und gewaltsam. Am besten ist jedoch das mittlere Maß. Das heißt, sein Werkzeug sollte keine Besonderheiten aufweisen.»

Huang-ti: «Es gibt Ärzte, die mit ihrem Können und mit Arzneien kurze und kleine Instrumente größer und länger, schwächliche und weichliche härter und stärker machen können. Kann es bei solchen Behandlungen zu unangenehmen Nebenwirkungen kommen? Was hältst du von ihnen?»

Su-nü: »Wenn Mann und Frau einander wohlgesinnt sind, werden oft schon allein durch die Harmonie, die zwischen ihnen besteht, kleine und kurze Werkzeuge länger und größer und weichliche und schwächliche härter und stärker. Wenn ein Mann das Tao wirklich versteht, wird sein Instrument nicht schwächer, auch nicht, nachdem er hundert Frauen hatte. Wenn ein Mann das Tao gelernt hat, weiß er, wie er sein Yang mit dem Yin seiner Partnerin unterstützen kann. Er versteht es, richtig zu atmen, um seine Substanz zu stärken. Er versteht es, Wasser zu borgen, um seinem Feuer zu helfen. Er versteht es, seinen Schatz, das *ching*, zu hüten und sich während einer ganzen Nacht nicht zu ergießen. Auf diese Weise kann er nicht nur einem kleinen Mangel abhelfen, sondern sogar ein hohes Alter erreichen. Aber wenn ein Mann Arznei aus fünf Mineralien nimmt und ein Gebräu schluckt, das angeblich das Feuer seiner Leidenschaft entflammt, dann führt das nur dazu, daß sein Feuer schneller ausgeht und seine Yang-Substanz bald erschöpft ist. Diese künstlichen Methoden können großen Schaden anrichten.»

Moderne Einstellungen

Etwa denselben Rat würde auch ein kluger moderner Arzt wahrscheinlich seinem Patienten geben, der mit solchen Problemen zu ihm kommt. Die Sex-Magazine sind voll von Schwindelanzeigen, in denen behauptet wird, daß der Penis über Nacht größer gemacht werden könne und die sexuelle Leistungsfähigkeit und das Verlangen von allen möglichen magischen Ingredienzien gesteigert werden könnten. Die meisten dieser Mittelchen sind im besten Falle wirkungslos und im schlimmsten schädlich. Die schlichte Wahrheit ist, daß Männer der Größe ihres Penis immer noch viel zuviel Bedeutung beimessen. Alle seriösen Handbücher über Sex weisen immer wieder auf diesen Umstand hin, und doch scheint das nicht zu fruchten. Masters und Johnson haben bei ihren Untersuchungen herausgefunden, daß ein schlaffer langer Penis proportional weniger wächst als ein schlaffer kleiner Penis. Mit anderen Worten, wenn ein Penis im Ruhezustand zehn Zentimeter mißt, kann er im Erregungszustand auf fünfzehn Zentimeter anwachsen. Wenn ein Penis in schlaffem Zustand schon fünfzehn Zentimeter mißt, kann es sein, daß er erigiert nur auf achtzehn Zentimeter kommt. Dies bedeutet, daß es gar nicht wichtig ist, wie groß der Penis unter der Dusche ist, in der Vagina hat er dann die entsprechende Größe. Für den Mann mit kleinem Penis ist das schwer zu akzeptieren. Jahrhundertelange Konditionierung in Schulumkleideräumen muß überwunden werden, bevor eine so simple Logik nicht nur allgemein akzeptiert, sondern von dem Mann mit einem kleinen Penis *empfunden* wird.

Wu Hsiens Methode

Was die Sorge um die Penisgröße betrifft, so stand es im alten China auch nicht besser darum. Und es gab Ärzte, die der Penisgröße eine gewisse Bedeutung einräumten, um den psychologischen Problemen ihrer Patienten Rechnung zu tragen, wozu sich auch die westlichen Ärzte von heute gezwungen sehen. Wu Hsien glaubte, daß es bei manchen Frauen auch von der Penisgröße abhänge, ob sie nun vollkommen befriedigt werden oder nicht. Er entwickelte deshalb eine Methode zur Vergrößerung von dem, was er als kleinen Phallus betrachtete. Auch wenn sie vielleicht unkonventionell erscheinen mag, so kann Wu Hsiens Methode doch gewiß keinen Schaden anrichten. Sie besteht hauptsächlich aus Übungen und verzichtet auf künstliche Hilfsmittel:

«Wenn während der Vereinigung der Jadeschaft eines Mannes lang und groß genug ist, um die Scheide seiner Partnerin vollkommen auszufüllen, kann er die Frau gewöhnlich mit geringerer Mühe befriedigen. Es heißt, daß man, wenn man eine Sache gut machen will, zuvor sein Werkzeug in Ordnung bringen muß. Man sollte wissen, daß es eine Möglichkeit gibt, einen unzulänglichen Phallus zu vergrößern. Jeden Morgen, irgendwann zwischen der Stunde des Tzu [Mitternacht] und der Stunde des Wu [Mittag], in der Zeit, wenn die Kraft des Yin geschwächt und die des Yang stark ist, sollte er in einem stillen Zimmer nach Osten hin sitzen und meditieren. Er sollte seinen Geist sammeln und die Gedanken an seine Sorgen abstellen. Sein Magen sollte weder zu voll noch zu leer sein. Er sollte unreine Luft aus seinen Lungen ausstoßen und tief einatmen, um sie bis hinab zum Unterleib mit frischer Luft zu füllen. Er sollte so neunundvierzigmal tief atmen. Danach sollte er die Handflächen aneinanderreiben, bis sie heiß wie Feuer sind. Daraufhin sollte er mit der rechten Hand Hoden und *yü-ching* halten und mit der linken den Unterleib unterhalb des Nabels einundachtzigmal immer im Kreise linksherum reiben und dann mit der rechten Hand dieselbe Stelle in derselben Art und Weise wiederum einundachtzigmal reiben, aber diesmal rechtsherum. Dann streckt er die rechte Hand aus und ergreift seinen *yü-ching* an der Wurzel und schwenkt und schüttelt ihn nach rechts und links, so daß er mehrmals gegen beide Beine schlägt. Dann umarmt er seine Frau und stößt sacht seinen *yü-ching* in ihr Haus des Yin [die Scheide], nährt ihn mit dem Naß seiner Frau und atmet den Atem seiner Frau [die alten Chinesen glaubten, daß der Atem der Frau den Mann nähren könne und umgekehrt]. Danach sollte er seinen Jadeschaft unzählige Male reiben, als wollte er Fasern zu einem Faden drehen. Wenn er dies lange genug tut, wird er feststellen, daß sein *yü-ching* mit der Zeit größer und länger wird.» (Wu sagt nicht, wie lange diese Übung täglich und wie viele Tage lang sie ausgeführt werden soll. Vermutlich bis der Mann merkt, daß sich eine Wirkung eingestellt hat.)

Das mag heute wie ein bloßes Ritual anmuten, aber dem Taoisten erscheint es durchaus sinnvoll. Die Taoisten sind der Überzeugung, daß jeder Teil des menschlichen Körpers trainiert und verbessert werden kann. Aus dieser Theorie entwickelten die Chinesen die Physiotherapie. Wus Rat geht mit dem taoistischen Glauben einher, daß man seine physischen und geistigen Anstrengungen auf ein Ziel konzentrieren soll und daß diese Anstrengungen dem natürlichen Strom von Yin- und Yang-Kräften angepaßt sein sollten. Beispielsweise erklärt Wu, daß die Übungen zu einer Zeit stattfinden sollten, wenn die Kraft des Yin im Schwinden begriffen und die Kraft des Yang überlegen ist. Auch sollte man beim Meditieren gen Osten gerichtet sein. Im Osten geht die Sonne (eine Yang-Kraft) auf. Alle Energien des Mannes sind dann innerhalb des Yang-Kraftstromes konzentriert. Ob Wus Methode etwas für sich hat oder nicht, weiß ich nicht, weil ich sie selbst nie erprobt habe. Aber Wu wußte viel über die Gesundheit, und seine Theorien sind gewöhnlich sinnvoll. Auf jeden Fall kann es nichts schaden, wenn man es versucht.

9
LANG-
LEBIGKEIT
UND DAS TAO
DER LIEBE

P'eng tsu hat gesagt: «Ein Mann kann ein hohes Alter erreichen, wenn er sparsam mit seinem Samen umgeht, seinen Geist bildet und gesundes Essen und Trinken zu sich nimmt. Aber wenn er das Tao der Liebe nicht kennt, wird er, gleich was er ißt und trinkt, nicht lange leben. Die Vereinigung von Mann und Frau sollte wie die Harmonie zwischen Himmel und Erde sein. Dank dieser Harmonie zwischen Yin und Yang bestehen Himmel und Erde ewiglich. Der Mensch aber hat diese Harmonie zwischen Yin und Yang lange gering eingeschätzt und deshalb seine Gesundheit und Kraft verloren. Aber wenn er das Tao der Liebe wieder erlernen könnte, um Übel zu vermeiden, würde er den Weg zu einem langen Leben von neuem entdecken.»

Langlebigkeit ist in China eine fixe Idee. Mit dem Älterwerden wurde Männern und Frauen im alten China mehr Achtung und Ehrerbietung entgegengebracht. Wem es gelang, bei guter Gesundheit zu bleiben, für den konnte das Alter zu der besten Zeit seines Lebens werden. Den taoistischen Ärzten zufolge leben Menschen, die ein hohes Alter erreichen, in Harmonie mit den Lebenskräften des Yin und Yang. Ein langes Leben galt deshalb nicht nur als ein zeitlicher Gewinn, sondern auch als beispielgebend im Hinblick darauf, wie man sein Leben gestalten sollte. Die Achtung vor dem Alter ging darauf zurück.

Liebesakt und Langlebigkeit

Im alten China sah man die körperliche Liebe immer in Verbindung mit der Gesundheit. Alle alten Texte heben hervor, daß die Anwendung des Taos der Liebe das Entscheidende bei der Verlängerung des Lebens sei. Mit Methoden, die uns heute unwissenschaftlich anmuten, kamen die alten Chinesen zu Schlußfolgerungen, die den neuesten Erkenntnissen entsprechen.

Ein Dialog zwischen dem Gelben Fürsten und dem Einfachen Mädchen dreht sich um die heilsame Wirkung der Anwendung des Taos. Der Fürst war es zu der Zeit müde, seine Frauen zu lieben, und sagte zu Su-nü:

Huang-ti: «Ich glaube, ich will nicht mehr lieben. Was meinst du dazu?»
Su-nü: «Nein, das geht nicht. Himmel und Erde öffnen und schließen sich, Yin und Yang wirken und verändern sich. Wir Menschen dürfen nicht gegen die Natur handeln. Nun wünschen Majestät sich der Liebesfreuden zu enthalten, und das ist gegen die Natur. Wenn Yin und Yang sich nicht vereinigen, können sie einander nicht ausgleichen und harmonisieren. Wir atmen, damit wir alte und verbrauchte Luft gegen frische austauschen kön-

ncn. Wenn der Jadeschaft untätig bleibt, verkümmert er. Deshalb muß er regelmäßig bewegt werden. Wer zu lieben vermag und dabei weiß, wie der Erguß zu steuern ist, kann großen Nutzen daraus ziehen. Und das nennen wir die Rückleitung des *ching*. Die Rückleitung des *ching* ist eine Wohltat für die Gesundheit des Mannes.»

Ein andermal fragte der Fürst das Einfache Mädchen: «Bei der Vereinigung von Yin und Yang ist das rechte Verhältnis wichtig. Ich wünsche etwas darüber zu hören.»

Su-nü: «Wenn ein Paar das Tao der Liebe richtig anwendet, bleibt der Mann gesund und jugendlich, und der Frau bleiben hundert Krankheiten erspart. Beide genießen es sehr und mehren gleichzeitig ihre körperliche Kraft. Verhalten sie sich aber falsch, kann das Liebesspiel ihrer Gesundheit abträglich sein. Um in den vollen Genuß des Taos zu gelangen, muß das Paar erst lang und tief atmen lernen, damit es entspannt ist. Sie brauchen ein Gefühl der Sicherheit, damit ihre Herzen ruhig sind. Sie müssen ihre Wünsche aufeinander abstimmen, damit es keinen Streit gibt. Wenn sie diese drei Voraussetzungen erfüllen, wird das Tao ihnen ganz zur Verfügung stehen. Sie müssen auch an praktische Dinge denken, an die Temperatur, die weder zu kalt noch zu heiß, an den Magen, der weder zu voll noch zu leer sein soll. Auch dürfen sie es nicht zu wild treiben und weder zu schnell noch zu tief stoßen. Am besten ist es, wenn die Frau vollkommen befriedigt und der Mann noch nicht erschöpft ist.»

Der moderne Jugendkult

Langlebigkeit ist nicht länger bloß eine fixe Idee der Chinesen. Man spricht heute zwar nicht unbedingt von «Langlebigkeit», aber das ist gemeint. Im Westen ist ein Kult um die Jugend entstanden. Seit rund zehn Jahren wollen ältere Leute sowohl in den USA als auch in Europa um jeden Preis jugendlich bleiben. Männer und Frauen, die sich vor zehn Jahren noch still zu ihrer Gartenarbeit und ihrem Strickzeug zurückgezogen hätten, fangen heute mit «jungen» Sportarten wie Skilaufen oder Tauchen an. Ihre Kleidung, ihre Frisur, ihr Teint und ihr Auftreten spiegeln ihr Verlangen, an den Freuden und der Vitalität der Jugend festzuhalten. Selbst ihre Vorstellungen sind oft übernommen, um mit der Jugend Schritt zu halten. Warum auch nicht? Für diejenigen, die das Tao praktizieren, ist all das leicht zu erreichen. Wer sich dem Studium des Taos ergeben hat, wird auch die Worte des Pao-p'u-tzu (Ko Hung), des bekannten Tao-Meisters aus dem vierten Jahrhundert, sehr wohl verstehen: «Wer das Tao der Liebe nicht kennt oder nicht daran glaubt, dem nützen auch die besten Arzneien und das beste Essen der Welt nichts . . .»

Man sollte sich von der blumenreichen Sprache nicht täuschen lassen: Die Weisheit der alten Chinesen in Liebesdingen hat eine naturwissenschaftliche Basis. Unsere Geschlechtsorgane sind wie unsere anderen Organe auch – um stark und gesund zu bleiben, müssen sie regelmäßig in Anspruch genommen werden. Außerdem hat die moderne Wissenschaft festgestellt, daß Hormone eng mit dem Alterungsprozeß verbunden sind und zu unserem Geschlechtsapparat lebenswichtige hormonproduzierende Drüsen gehören. Außerdem gibt das Liebesspiel dem Geist Auftrieb. Niemand fühlt sich gern zu alt für die Liebe. Wer das Gefühl hat, daß er noch lieben und geliebt werden kann, entgeht, gleichgültig wie alt er ist, dem schrecklichen Gefühl der Einsamkeit und Isolation, unter dem so viele ältere Menschen leiden.

Manche Leute glauben, daß die sexuelle Antriebskraft mit dem Älterwerden schwindet. Auch das ist eine Legende. Es mag sein, daß das Verlangen nach sexueller Betätigung bei dem einen oder anderen schwächer wird, aber keineswegs bei jedem. Masters und Johnson haben herausgefunden, daß das Alter, in dem man sexuelle Beziehungen aufnimmt, mit dem Alter korreliert, in dem man diese aufgibt. Es scheint so, daß man um so länger liebt, je früher man anfängt. Und wenn man in der Jugend sexuell aktiv ist, ist es wahrscheinlich, daß man sich auch im Alter noch sexuell betätigen wird. Es gibt keinen Grund, warum Männer und Frauen nicht ihr ganzes Leben lang Geschlechtsverkehr haben sollten.

Ejakulation im mittleren Lebensalter

Was im Laufe der Zeit tatsächlich abnimmt, ist der Drang zu ejakulieren. Da die Männer im Westen gewöhnlich nicht wissen, daß Ejakulation und Orgasmus nicht dasselbe sind, glauben sie, daß sie zu versagen beginnen. In ihrem Buch *Das Alter* schildert Simone de Beauvoir anschaulich, wie sich diese falsche Auffassung auf den Schriftsteller Paul Léautaud auswirkte. Die Beauvoir schreibt: «Über das Verhältnis eines Greises zu seinem Körper, zu seinem Bild und zu seinem Geschlecht besitzen wir ein erstaunliches Dokument: das Tagebuch von Léautaud . . .» Sie erzählt, wie Léautaud im

115

Alter von fünfzig Jahren eine fünfundfünfzigjährige Frau kennenlernt, die ihm sehr gefällt. Er nennt sie «Madame» und schildert sie als eine Frau, «die zur Lust herrlich veranlagt ist und ganz meinen Neigungen in diesen Dingen entspricht». Sieben Jahre später ist nicht mehr viel von dieser Übereinstimmung übrig. Er kann jetzt nicht mehr so oft beischlafen, und die Liebesbeziehung befindet sich in einem zweiten Stadium: «Es sind die Sinne, das Laster, was uns aneinander bindet. Alles übrige ist unbedeutend!» Er nennt sie nicht mehr «Madame», sondern die «Pantherin». Ähnliche Namen haben unfähige und unsichere Männer im alten China ihren Frauen gegeben. Männer, die von sexuell unbefriedigten Frauen hart bedrängt wurden, zitierten ein altes Sprichwort: Frauen in den Dreißigern sind wie Wölfinnen. Frauen in den Vierzigern sind wie Tigerinnen.

In beiden Fällen sind diese Benennungen eher ein Zeichen für den Erschöpfungszustand des Mannes als für den sexuellen Appetit der Frau. Was Léautaud tat, war etwas, was die Männer seiner Zeit üblicherweise taten und was auch heute noch normal ist – er schränkte sein Geschlechtsleben auf Kosten seines Glücks und seines Wohlbefindens ein. Zwei Jahre später, Leautaud war neunundfünfzig Jahre alt, setzte das dritte Stadium der Affäre ein. Er fing an, sie «die Geißel» zu nennen. Er fühlte sich immer noch zu ihr hingezogen, fürchtete jedoch, daß zuviel Sex ihm gefährlich werden könne. Seine Tagebücher bekommen eine düstere Note: «Wenn ich beischlafe, kommt bei der Ejakulation fast nur Wasser.» Der Geschlechtsakt ermüdete ihn, und der Arzt riet ihm, es sein zu lassen. Er versuchte es, konnte aber doch nicht ganz darauf verzichten; auch begann er zu onanieren. Wer das Tao kennt, wird sofort wissen, daß das keine Lösung war. Onanie führt zu dem Verlust von männlicher Substanz, ohne daß dieser durch den Gewinn von weiblicher Substanz ausgeglichen würde. Es fehlt die Harmonie zwischen Yin und Yang, und der Akt ist vergeblich. So war es bei Léautaud. Er litt darunter, daß er mit einer Frau schlafen wollte, es aber nicht wagte. Er sehnte sich nach dem Vergnügen, eine nackte Frau zu sehen und zu streicheln. Er verbrachte sein Alter in «tiefem Kummer». Die Geschichte ist sattsam bekannt. Léautaud war nicht dümmer, als die meisten von uns es in derselben Situation gewesen wären. Masters' und Johnsons Untersuchung bestätigt, was die Chinesen schon vor Jahrhunderten wußten. Sie erklärten mit Bestimmtheit, daß ein älterer Mann ein fähiger Liebhaber sein kann, *vorausgesetzt*, er zwingt sich nicht dazu, zu ejakulieren.

Ejakulationssteuerung und Langlebigkeit

In den Handschriften über das Tao der Liebe gibt es viele Geschichten zum Thema Langlebigkeit, die gewiß ein Element der Übertreibung enthalten. Denn obwohl die alten Chinesen – und sogar auch die zeitgenössischen Chinesen – für ihre Zähigkeit bekannt sind, scheint es ein wenig übertrieben, von Menschen zu sprechen, die zweihundert oder auch nur hundertundfünfzig Jahre alt wurden. Was jedoch nicht so weit hergeholt ist, ist der Grund, warum sie so lange gelebt haben – selbst wenn man die Übertreibung berücksichtigt, so haben sie doch lange gelebt! Wie brachten die Meister es fertig, bis ins achtzigste, neunzigste und hundertste Jahr gesund und kräftig zu bleiben? In einem Dialog erklärt es Su-nü dem Gelben Fürsten:

Huang-ti: «Ich habe gehört, daß es in der alten Zeit Männer gab, die über zweihundert Jahre lebten. Später haben die Männer dann hundertundzwanzig Jahre lang gelebt. Aber die Männer unserer Zeit werden oft noch nicht einmal dreißig. Heutzutage sind nur wenige Männer gelöst und mit sich selbst im Einklang, und so viele leiden an Krankheiten. Was glaubst du, woran das liegt?»

Su-nü: «. . . die Männer heute sterben deshalb oft schon in jungen Jahren, weil sie das Geheimnis des Taos nicht kennen. Sie sind jung und leidenschaftlich und ergießen ihr *ching* wahllos. Das ist, als ob sie die Wurzel ihres Lebens abschneiden und seinen Quell zuschütten. . . Wie können sie da erwarten, lange zu leben?»

Ein kurzer Abriß über die Langlebigkeit in China

Der Überlieferung zufolge wurde der Gelbe Fürst selbst – ein treuer Anhänger des Taos der Liebe – hundertundelf Jahre alt. Fünf von den sechs auf ihn folgenden Herrschern wurden achtundneunzig, hundertundfünf, hundertundsiebzehn, neunundneunzig und hundert Jahre alt. Diese Zahlen finden sich in Szu-ma Ch'iens *Shih-chi* («Aufzeichnungen der Historiker»). Spätere Historiker haben diese Zahlen im großen und ganzen anerkannt. Gehen auch wir davon aus, daß sie stimmen, und fragen wir uns nach den möglichen Gründen für diese Langlebigkeit. Zum einen mag der Zufall oder erbliche Veranlagung eine Rolle spielen. Zum andern hat Huang-ti sich im Tao der Liebe geübt und es an seine Kinder und Kindeskinder weitergegeben.

Wenn wir uns eingehender mit der Historie befassen, stellen wir fest, daß in den dreitausend Jahren dokumentierter chinesischer Geschichte kein anderer Herrscher so lange wie Huang-ti und seine Nachkommen lebte. Viele hatten sogar nur ein sehr kurzes Leben. Das Tao der Liebe könnte eine mögliche Erklärung liefern. Nach dem Tode der sechs auf Huang-ti folgenden Herrscher geriet das Tao der Liebe allmählich in Vergessenheit. Erst im sechsten Jahrhundert vor Christus wurde das Tao von Laotse, dem Autor des *Taoteking*, wiederentdeckt. Wir haben nur ganz wenige Informationen über diesen bemerkenswerten alten Mann. Den *Aufzeichnungen der Historiker* zufolge war sein Familienname Li. *Lao* bedeutet im Chinesischen «alt», und Laotse soll zwischen hundertundsechzig und zweihundert Jahre alt geworden sein. Szu-ma Ch'ien bemerkt in seinen *Aufzeichnungen der Historiker:* «Er wurde so alt, weil er sich im Tao übte.»

Im Verlaufe der nächsten zweitausendfünfhundert Jahre chinesischer Geschichte gab es einzelne Fälle, in denen Menschen ein hohes Alter erreichten. Fast jeder dieser Menschen übte sich im Tao der Liebe. Während der Früheren Han-Dynastie (206 v. Chr. bis 24 n. Chr.) erwachte das Interesse am Tao von neuem. In der offiziellen Geschichte der Dynastie findet sich eine Liste der bedeutendsten Bücher, die zu der Zeit im Umlauf waren, darunter acht Schriften über das Tao der Liebe. Das wichtigste war ein Buch von Jung Cheng-kung. Aber erst im zweiten Teil der Han-Zeit, die als die Spätere Han-Dynastie bekannt ist, finden sich Zeugnisse dafür, daß jemand ein hohes Alter erreichte, weil er das Tao der Liebe praktizierte. Die offizielle Geschichte dieser Zeit, das *Hou Han-shu*, enthält eine Biographie des taoistischen Arztes und Chirurgen Hua T'o, der etwa hundert Jahre alt wurde und bis zu seinem Tode jugendlich blieb und seinen Beruf ausübte. Er starb auch nicht an Altersschwäche. Ts'ao Ts'ao, ein rücksichtsloser Politiker, ließ ihn hinrichten, weil Hua T'o sich geweigert hatte, weiterhin sein Leibarzt zu sein. Wer weiß, wie alt Hua T'o noch geworden wäre, wenn sein Leben nicht ein solches Ende gefunden hätte. Sein Biograph vermerkt, daß es in der Han-Zeit außerordentlich viele geniale Männer gab, die große Werke vollbrachten. Besonders erwähnt werden drei Männer – Leng Shou-kuang, T'ang Yu und Lu Nü-sheng –, die alle von Jung Cheng-kung unterwiesen worden waren und sich im Tao der Liebe übten. Leng Shou-kuang wurde über hundertfünfzig Jahre alt und soll wie ein Dreißig- oder Vierzigjähriger ausgesehen haben.

Ein anderes interessantes Beispiel aus der Han-Zeit ist Wu Tzu-tu, ein Schwiegersohn des Herrscherhauses. Als der Kaiser Shou Wu eines Tages an den Ufern des Flusses Wei jagte, bemerkte er, daß Wu Tzu-tu, der damals hundertundachtunddreißig Jahre alt war, eine ungewöhnliche Ausstrahlung besaß. Der Herrscher erkundigte sich bei seinem Begleiter Tungfang Shuo nach dem alten Mann. Tungfang Shuo erwiderte: «Die Lebenskraft dieses Mannes steht in Verbindung mit dem Himmel, weil er sich im Tao der Liebe übt.» Der Kaiser befahl seinem Gefolge, ihn allein zu lassen, damit er mit Wu Tzu-tu unter vier Augen reden konnte. Er erkundigte sich nach dem Tao der Liebe, und Wu erklärte: «Das Tao der Liebe ist ein schwieriges Geheimnis: Aus diesem Grunde habe ich, Eurer Majestät Diener, bisher nie etwas darüber gesagt. Auch sind nur wenige imstande, es wirklich in die Tat umzusetzen, und das ist ein anderer Grund, warum ich bisher nicht wagte, es zu entdecken. Ich wurde von Ling Yang Tzu [einem der Tao-Meister] im Tao unterwiesen, als ich im Alter von fünfundsechzig Jahren sehr krank war, und nun habe ich das Tao dreiundsiebzig Jahre lang geübt. Wer danach trachtet, ein hohes Alter zu erreichen, muß an der Quelle des Lebens suchen. Das Geheimnis aber besteht darin, den Erguß nicht zu erzwingen, selbst wenn die Schönheit der Partnerin einem den Kopf verdreht. Wer die Ejakulation erzwingt, wird sich alle möglichen Krankheiten zuziehen.»

Ko Hung (Pao-p'u-tzu) zufolge war Wu Tzu-tu über zweihundert Jahre alt, als er starb. Wenn er das Tao erst im Alter von fünfundsechzig Jahren zu üben begann, muß er zuvor ausgedehnte Erfahrungen mit der erzwungenen Ejakulation gemacht haben. Es ist interessant, daß er diesen Punkt bei dem Gespräch mit dem Kaiser besonders betonte.

Erst tausend Jahre später wird uns wieder von dem Fall eines Mannes berichtet, der ein hohes Alter erreichte. [1] Wahrscheinlich haben in den späteren Zeiten immer weniger Menschen vom Tao der Liebe gewußt. Während der Ming-Dynastie (1368–1643 n. Chr.) findet sich jedoch ein Mann, der sich selbst «den Graubart von fünfundneunzig Jahren aus der Provinz Chekiang» nennt. Was er unter anderem schrieb, läßt sich in einem Nachdruck von zwei Büchern über das Tao der Liebe nachlesen:

«Während der Regierungszeit des Herrschers Shih-tsung [1522–1566] [2] stand Tou chen-jen, ein Taoist, am Kaiserlichen Hof in Peking wegen seiner Zauberkünste in besonderer Gunst. Aber sein Wissen über das Tao der Liebe war sehr real. Daß der Herrscher ein so hohes Alter erreichte, ist einzig und allein auf das Tao der Liebe zurückzuführen, das der Taoist ihn lehrte. Am Tao interessiert, bestach ich einen Palastbeamten und gelangte so in den Besitz von Exemplaren der geheimen Bücher der Taoisten, dem

Chi-chi chen-ching und *Hsiu-chen yen-i,* verfaßt von Lu Tung-Pin aus der T'ang-Zeit [618–906 n. Chr.] beziehungsweise von Hu Hsien aus der Han-Zeit. Als ich versuchte, das, was ich in diesen beiden Büchern gelesen hatte, in die Tat umzusetzen, fiel mir das zuerst schwer, aber nach einiger Zeit wurde es mir zur natürlichen Gewohnheit. Im Verlaufe von sechzig Jahren habe ich mehr als hundert Frauen geliebt, siebzehn Söhne großgezogen[3] und unter fünf Herrschern gedient. Obwohl ich jetzt im fortgeschrittenen Alter bin, bin ich es immer noch nicht müde zu lieben und könnte immer noch mehrere Frauen in einer Nacht befriedigen. Wenn auch der Himmel mich mit einem langen Leben gesegnet hat, so kann ich doch nicht leugnen, daß auch das Tao der Liebe dabei eine große Rolle gespielt hat. Wie das alte Sprichwort sagt: Wer sein Wissen und Können für sich behält, wird kein gutes Ende nehmen. Und da das Leben eines Menschen nicht viel länger als hundert Jahre dauert, ich aber den Gedanken nicht ertragen könnte, daß diese beiden Bücher verlorengehen, wenn ich eines Tages sterbe, habe ich sie nachdrucken lassen mit dem Wunsche, daß alle Männer dieser Welt von ihnen profitieren und das hohe Alter von P'eng-tsu erreichen mögen. Wenn Zweifler nicht an den Wert dieser Bücher glauben wollen, so sollen sie meinetwegen die Gelegenheit, ein hohes Alter zu erreichen, vorübergehen lassen. Was ficht das mich an? Geschrieben im ersten Mondmonat, im Frühling des Jahres 1594 von dem Graubart von fünfundneunzig Jahren aus der Provinz Chekiang in der Purpurnen Pilzhalle des Tien-t'ai-Berges.»

Auf der Ostseite der Straße
lebt ein streitsüchtiges Paar,
der Mann ist jung und schön.
Auf der Westseite der Straße
lebt ein liebendes, friedfertiges Paar,
der Mann ist alt und unansehnlich.
Warum?
Der nach nichts aussehende alte Mann
versteht es einfach,
seine Frau zu befriedigen,
und der gut aussehende junge nicht.

10
MAI-
SEPTEMBER-
BEZIEHUNGEN

Ein anonymer Tao-Meister der Liebe schrieb diesen Dialog zum Thema Lieben und Alter. In einer Gesellschaft, in der man nach dem Tao lebte, in der die Lebenserwartung höher war und das Alter nicht mit Gebrechlichkeit einherging, besaßen die üblichen Regeln keine Gültigkeit. Menschen ganz verschiedenen Alters konnten sich heiraten und glücklich miteinander leben.

Das Alter eines Menschen spielte damals nicht dieselbe Rolle wie heute. In unserer Vorstellung beginnt der Lebensabend etwa mit fünfundsechzig. Aber für diejenigen, die nach dem Tao lebten, war ein Fünfundsechzigjähriger nicht besonders alt. Er konnte noch dreißig oder vierzig Jahre bei Kräften und Gesundheit vor sich haben. Männer und Frauen, die fünfundsechzig Jahre alt waren, konnten ohne weiteres zwanzig- oder dreißigjährige Partner lieben. Was man heutzutage eine «Mai-Dezember-Beziehung» nennen würde, war für die Anhänger des Taos eher eine «Mai-September-Beziehung».

Die meisten alten Texte über das Tao der Liebe empfehlen ausdrücklich diese Art von Beziehung. In einem Buch, dem *Su-nü-ching*, heißt es: «Wenn ein alter Mann mit einer gleichaltrigen Frau vermählt ist und die beiden ein Kind haben, wird dieses nicht unbedingt ein hohes Alter erreichen.

Aber wenn ein Achtzigjähriger mit einem achtzehn- oder sogar fünfzehnjährigen Mädchen vermählt ist, können die beiden Kinder haben, die in der Regel ein hohes Alter erreichen. Und wenn eine fünfzigjährige Frau einen jungen Mann gewinnt, kann sie meist auch noch ein Kind haben.»

Gesellschaftliche Vorurteile

Aufgrund der «sexuellen Revolution» der letzten Jahre werden «Mai-September-Beziehungen» im Westen heute eher akzeptiert als früher. Dennoch bringt die Gesellschaft ihnen immer noch ein Vorurteil entgegen. Man «redet» über solche Paare und findet sie irgendwie pervers. Charlie Chaplin und Oona O'Neill waren ein berühmtes Paar, über das man die Stirn runzelte und lächelte. Als die beiden heirateten, war sie erst siebzehn und er vierundfünfzig und dreimal geschieden, aber sie waren stark genug, sich durch gesellschaftliche Vorurteile nicht beirren zu lassen. Sie widerlegten die Lästerzungen, indem sie eine glückliche und erfolgreiche Ehe führten.

Beziehungen zwischen jüngeren Frauen und älteren Männern

Wer das Tao der Liebe kennt, wird diese Geschichte nicht verwunderlich finden. Er weiß, daß die Beziehung zwischen einem älteren Mann und einer jungen Frau einige wirkliche Vorteile hat. Erstens dauert es bei einem älteren Mann oft länger, bis er als Reaktion auf das Vorspiel eine Erektion bekommt. Für ihn ist eine junge Frau, die schnell und viel Scheidenfeuchtigkeit produziert, ein Segen. So kann er den Penis auch ohne volle Erektion leichter in die Vagina einführen. In so angenehmer Umgebung ist es für den Mann, der das Tao kennt, dann ein leichtes, eine volle Erektion zu bekommen. Und sie wiederum wird wahrscheinlich ein so behutsames, langsames Vorgehen genießen und der erschreckend plötzlichen Erektion, dem abrupten Eindringen und der schnellen Ejakulation eines jungen Mannes vorziehen.

Zweitens produziert eine jüngere Frau nicht nur schnell genügend Lubrikat, sondern produziert es auch über einen viel längeren Zeitraum hinweg. In den meisten Fällen ist diese Quelle fast unversiegbar, solange die Frau auf irgendeine Weise stimuliert ist. Und das ist für beide von Vorteil. Genauso wie es länger dauert, bis er erigiert, dauert es auch länger, bis er fertig ist, was ihr die Gelegenheit zu ekstatischer Seligkeit geben kann, zu der es bei einem unerfahrenen jungen Mann oft nicht kommt. Drittens strömen junge Frauen einen natürlichen Duft von Jugend und Frische aus, der einen älteren Mann leicht erregt. Obendrein geht von ihm Ruhe und Zuversicht aus, etwas, was unerfahrene junge Männer nur ganz selten zu bieten haben. Und viertens hat eine junge Frau eine viel engere Vagina, die den älteren Liebhaber umschließt und erregt. Wenn ein Mann nach dem Tao lebt, versteht er es, seine Ejakulation selbst unter so aufregenden Umständen zu kontrollieren. Die junge Frau wiederum wird seine Erregung und seine tiefe Empfänglichkeit genießen.

Beziehungen zwischen älteren Männern und älteren Frauen

Nicht alle diese Vorteile finden sich in einer Beziehung zwischen einem älteren Mann und einer gleichaltrigen Frau. Manchmal fällt es älteren Frauen schwer, einen lebhaften, lang andauernden Geschlechtsverkehr durchzuhalten. Manchmal reicht auch die vaginale Befeuchtung nicht aus, gewöhnlich haben sie nach ein oder zwei kurzen Liebesakten an einem Abend genug. Ein Mann muß eine ältere Frau viel intensiver und viel länger stimulieren als eine junge, damit sie wenigstens etwas Feuchtigkeit produziert. Ein künstliches Lubrikat kann da zwar Abhilfe schaffen, ist jedoch ein minderwertiger Ersatz, und dies mag der Grund dafür sein, warum vitale ältere Männer das Interesse an ihren gleichaltrigen Partnerinnen verlieren oder eine tatsächliche oder eingebildete Impotenz entwickeln. Die Armen! Aber wenn sie Gelegenheit haben, mit einer attraktiven jungen Frau ins Bett zu gehen, werden sie sich schnell erholen.

Die Anziehungskraft ist nicht immer einseitig

Es ist keineswegs so, daß sich junge Frauen nicht von älteren Männern angezogen fühlen. Viele junge Frauen ziehen ältere Männer als Liebespartner vor. Und zwar trotz eines beträchtlichen gesellschaftlichen Vorurteils. Auch wenn ältere Männer jungen Frauen oft ein Gefühl der Geborgenheit bieten können, beruht ihre Anziehungskraft (anders als man gemeinhin annimmt) häufig ganz und gar nicht auf materiellem Überfluß. Dies sind Männer, die die Freuden und Leiden der Liebe zur Genüge kennengelernt und im Laufe der Jahre begriffen haben, was Zärtlichkeit wirklich bedeutet. Und viele Mädchen finden solche Männer hauptsächlich aus diesem Grunde anziehend.

Ein anderer Faktor ist die Angst, die manche junge Frauen davor haben, selber alt zu werden. Wenn eine junge Frau einen Altersgenossen heiratet, fürchtet sie, daß er sie vielleicht eines Tages um einer jüngeren Frau willen verläßt. Solchen Frauen gibt es ein gewisses Gefühl der Sicherheit, einen älteren Mann zu heiraten. Die Tatsache, daß er siebzig sein wird, wenn sie fünfundvierzig ist, scheint nicht so gefährlich zu sein.

All dies sind triftige Gründe, die für Beziehungen zwischen älteren Männern und jüngeren Frauen sprechen. Aber es wird noch eine ganze Weile dauern, bis solche Beziehungen als das akzeptiert werden, was sie sind. Wie viele Mütter wünschen sich für ihre Töchter einen älteren Mann? Oder erlauben ihnen, einen älteren Mann zu heiraten? Wie viele ältere Frauen gibt es, die aufgeschlossen genug sind, sich nicht über eine junge Frau aufzuregen, die unter solchen Umständen heiratet?

Vorteile von Beziehungen
zwischen älteren Frauen und jungen Männern

Ein Gebiet, auf dem der Abbau von Vorurteilen besonders wichtig ist, sind Beziehungen zwischen älteren Frauen und jüngeren Männern. Doch gerade diese verdammt die Gesellschaft noch immer in Grund und Boden. Älteren Frauen wird, von Dummheit bis Nymphomanie, alles vorgeworfen, was man sich nur vorstellen kann. In Wirklichkeit sind solche Beziehungen meist alles andere als töricht oder unnormal. Im Gegenteil, von beiden Seiten spricht vieles dafür.

Wir haben in dem Kapitel über Ejakulationssteuerung bereits darauf hingewiesen, daß ältere Frauen oft mehr Verständnis für die sexuellen Schwierigkeiten eines jungen Mannes aufbringen können als gleichaltrige Partnerinnen. Wenn ein junger Mann schüchtern ist, kann dies sehr wichtig für sein sexuelles Wohlbefinden sein. Zudem hat eine ältere Frau, besonders wenn sie Kinder geboren hat, häufig eine weniger enge Vagina, was für einen jungen Mann, der die Ejakulationssteuerung noch nicht beherrscht, nur gut ist. Für den älteren Mann, der das Tao der Liebe beherrscht, ist eine weite Vagina ungeeignet, da sie ihn nicht genügend stimuliert.

Junge Männer bekommen, wenn sie erregt werden, fast sofort eine Erektion. Dies kann für eine erfahrene ältere Frau höchst erregend sein, genauso wie die junge Vagina den älteren Mann stimuliert. Den voll erigierten, harten und geschwollenen *yü-ching* eines jungen Mannes zu sehen und zu streicheln kann auf eine ältere Frau so anregend wirken, daß sie genügend Feuchte für einen begeisterten Beischlaf produziert. Ein älterer Mann würde sie wahrscheinlich längst nicht so erregen.

Junge Männer wiederum könnten sich aus demselben Grunde zu älteren Frauen hingezogen fühlen, der jungen Mädchen älteren Männern den Vorzug geben läßt. Ihre Zärtlichkeit und Erfahrung sind Schlüsselfaktoren. Manche Männer genießen die Beachtung, die ihnen zuteil wird, wenn die mütterlichen Instinkte einer Frau geweckt sind. Manche jüngere Männer finden eine solche Kombination von sexueller und mütterlicher Liebe unwiderstehlich.

Es ist deshalb tragisch, daß solche Beziehungen heimlich geführt werden müssen. Wenn wir alle etwas verständnisvoller sein könnten, würden wir begreifen, daß sie etwas sind, das man ermutigen und nicht verurteilen sollte. Das wäre ein großer Schritt zur Lösung der Probleme vieler einsamer älterer Frauen und schüchterner junger Männer.

Körperhygiene

Mai-September-Beziehungen sind für ältere Männer und Frauen gewöhnlich ein Motiv, sich nicht gehenzulassen. Aber es gibt immer noch viel zu viele alte oder weniger alte Menschen, die sich über die Bedeutung ihrer Erscheinung oder gar der körperlichen Hygiene nicht ganz im klaren sind und als Folge davon unter Einsamkeit zu leiden haben. Bertrand Russell erzählt in seiner *Autobiographie,* wie sein Mundgeruch fast seine Beziehung mit einer attraktiven jungen Frau zerstört hätte: «Ich litt, ohne es zu wissen, an Parodontose und roch daher aus dem Mund, was ich ebenfalls nicht wußte. Sie brachte es nicht über sich, darüber zu reden. Erst nachdem ich selber darauf gekommen war und mich hatte behandeln lassen, sagte sie mir, wie sehr sie das gestört hatte.»

Russell steht mit seiner Erfahrung nicht allein da. Wir sollten deshalb alles tun, um schlechten Mundgeruch schnell zu beseitigen, einmal, weil das ein Zeichen dafür sein kann, daß etwas nicht in Ordnung ist, und zum andern, weil es unangenehm für die anderen ist.

Schlußfolgerungen

Die sexuelle Revolution sollte unter anderem zur Folge haben, daß Mai-September-Beziehungen stetig zunehmen und akzeptiert werden. Die Leute meinen oft, ein älterer Mensch habe Glück gehabt, wenn es ihm gelungen ist, einen jungen Liebhaber «an Land zu ziehen»; aber man kann das auch andersherum sehen. Ein junger und unerfahrener Mensch kann von einem älteren Partner viel lernen und dabei sehr glücklich sein. Tatsächlich haben viele jüngere Frauen und jüngere Männer erst nach einer solchen Erfahrung angefangen, den Liebesakt wirklich in vollen Zügen zu genießen. Zwei jungfräuliche Partner sind die klassische Konstellation für eine sexuelle Tragödie.

Wenn wir irgendeinen Vorbehalt gegen Mai-September-Beziehungen haben, so ist es dieser: Es kann für einen älteren Mann, der das Tao der Liebe nicht kennt, gefährlich werden, sich mit einer sinnenfreudigen jungen Frau einzulassen. Es wäre möglich, daß er ihrer Anziehungskraft und ihrem Liebesverlangen nicht zu widerstehen vermag und seine sexuelle Energie verausgabt. Dieses Problem kann man natürlich dadurch lösen, daß man das Tao der Liebe eben erlernt.

11
ATMUNG,
T'AI-CHI CH'ÜAN
UND DAS
TAO DER LIEBE

Die alten Tao-Meister der Liebe betrachteten die Liebe, das Essen und Leibesübungen als die drei Säulen, die das Leben eines Menschen tragen. Ob jemand ein hohes Alter erreichte, hing von der Stärke dieser Säulen ab. Wenn die Ausübung des Taos die Gesundheit auch zweifellos verbesserte, so durfte man die beiden anderen Säulen, Essen und Leibesübungen, insbesondere Atemübungen, nicht vernachlässigen.

Richtiges Atmen

Richtiges Atmen ist eine Wissenschaft für sich und liegt außerhalb des Bereichs dieses Buchs. Den taoistischen Meistern zufolge zählt der Atem oder das *ch'i* zu den Lebenskräften, und zwar nicht nur im Hinblick auf den stofflichen Austausch, die Versorgung des Körpers mit Sauerstoff und das Abstoßen von Kohlendioxid. Dies ist bloß die sichtbare Manifestation der Atmung. Es gibt aber eine andere, unsichtbare Funktion der Atmung. Durch sie zieht der Mensch die nicht wahrgenommene kosmische Macht des Universums ein. Selbst moderne westliche Ärzte und Wissenschaftler haben in den letzten Jahren beobachtet, daß die Lungen nicht nur dem Gasaustausch dienen.[1]

Atemübungen

Manche glauben vielleicht, daß die Taoisten übertriebenen Wert auf richtiges Atmen legen, in Wahrheit kann man es jedoch gar nicht wichtig genug nehmen. Ohne richtige Atmung existieren wir einfach nicht. Sie ist sowohl für unsere geistige als auch für unsere körperliche Gesundheit unerläßlich. Beispielsweise bildet eine richtige Zwerchfellatmung die Grundlage fast aller Meditationsarten. Auch für die taoistische Heilkunde ist sie von grundlegender Bedeutung. Im heutigen China hat man auf diese taoistische Praxis zurückgegriffen und sie besonders bei Unterleibskrankheiten mit Erfolg angewandt. Tiefes Atmen ist die Voraussetzung für eine gute Gesundheit. Es ist eine einfache und ökonomische Methode, uns zu stärken. Um richtig zu atmen, muß man dreierlei beachten:

1. Man soll den Körper geradehalten, ohne die Brust einzuziehen oder herauszustrecken.

2. Man soll es lernen, nur mit Nase und Zwerchfell ein- und auszuatmen. Der Mund wird nicht gebraucht.

3. Man soll erst langsam ausatmen und dann auch noch die letzte Luft aus den Lungen ausstoßen, indem man das Zwerchfell zusammenzieht. Nun kann man sacht einatmen, indem man das Zwerchfell bis zum äußersten ausdehnt. Danach atmet man langsam aus und wiederholt das Ganze.

Natürlich atmet man nicht immer so, aber man sollte es täglich wenigstens einige Minuten lang tun, so daß die tiefe, langsame Zwerchfellatmung zu einer Gewohnheit wird, die man selbst im Schlaf beibehält.

Verbesserung der Organe

Die alten Taoisten glaubten, daß jeder Teil des Körpers, einschließlich der Geschlechtsorgane, durch richtige Übungen gestärkt und verbessert werden könne. Sie entwickelten Bewegungsabläufe für fast jeden Teil des Körpers. Es gab zum Beispiel Augenübungen zur Verbesserung des Sehvermögens. Sie glaubten, daß Augenübungen nicht nur die Sehkraft bis ins hohe Alter erhalten, sondern in einigen Fällen sogar schwache Augen heilen könnten. In einem seiner Bücher erzählt Aldous Huxley, wie er sich durch Übungen vor der Erblindung bewahrte, nachdem alle medizinischen Mittel versagt hatten. Er erklärt nie ausdrücklich, daß seine Übungen auf taoistischen Theorien basieren, aber das Buch enthält viele Passagen, die taoistische Züge tragen.

«Man muß sich einmal klarmachen, daß bei Menschen mit mangelhaftem Sehvermögen eine Wechselbeziehung zwischen aufmerksamem Schauen und einer ziemlich unnötigen, ja tatsächlich schädlichen Störung der Atmung besteht . . . Deshalb fülle man seine Lungen mit Luft – nicht so übertrieben wie bei tiefen Atemübungen, sondern auf leichte, mühelose Weise, Ausatmen und Einatmen sollen in natürlichem Rhythmus aufeinanderfolgen. Auf diese Weise atmend, wende man sich der Sache zu, die man sehen will . . . Jede Verbesserung der Blutzirkulation wirkt sich sofort auf das Sehvermögen aus . . .»[2]

Man beachte den Zusammenhang zwischen besserem Sehvermögen, besserer Blutzirkulation und richtiger Atmung. Nicht nur die Augen funktionieren schlechter, sondern auch die allgemeine körperliche Verfassung leidet darunter, wenn man nicht richtig atmet. Der Tiefenpsychologe C. G. Jung stellte fest, daß sowohl Neurotiker als auch an Tuberkulose Erkrankte auf eine keuchende, flache Weise atmen, die den Lungen nicht genügend Sauerstoff zuführt.[3] Es scheint unglaublich, aber die meisten von uns machen nur zu einem Sechstel von ihrer Lungenkapazität Gebrauch.

Der Geschlechtsakt selbst ist auch eine wichtige Übung für den Körper, aber das ist nicht genug. Es werden dabei nicht alle Muskeln des Körpers trainiert. Der Leser wird das aus eigener Erfahrung kennen – wenn man länger als acht Stunden im Bett liegt, bekommt man Rückenschmerzen oder fühlt sich sonst irgendwie unbehaglich. Ein flotter Spaziergang, Fahrradfahren oder einige Tennis-Matchs – irgendeine körperliche Betätigung – bringen einen wieder in die Reihe. Viele Leute haben, besonders wenn sie älter werden, Schwierigkeiten mit der Wirbelsäule. Selbst junge Menschen haben manchmal schon einen verbogenen Rücken, und fast alle Klagen der Älteren drehen sich um irgendwelche Rückenschmerzen. Und mit einem schmerzenden Rücken ist in der Liebe nicht viel zu machen.

T'ai-chi ch'üan

Die alten Chinesen haben eine Reihe von Übungen entwickelt, die von all diesen Symptomen befreien sollen. Das ist das *T'ai-chi ch'üan*. Die meisten haben wahrscheinlich schon von dieser judoähnlichen Kampfkunst gehört. Das japanische Judo basiert auf der taoistischen Philosophie und heißt auf chinesisch auch Ju-Tao. *T'ai-chi ch'üan* ist eine ähnliche Verteidigungstechnik, bei der man nur die bloßen Hände und Fäuste gebraucht. *T'ai-chi* bedeutet die Harmonie zwischen Yin und Yang, und *ch'üan* ist das chinesische Wort für «Faust». Richtig ausgeführt, ist das *T'ai-chi ch'üan* wie ein eleganter Tanz. Tatsächlich war es ursprünglich ein Tanz. Seine Entstehung wird der Zeit des legendären Herrschers Fu-hsi zugeschrieben (der lange vor dem Gelben Fürsten gelebt hat und den Menschen beigebracht haben soll, wie man wilde Tiere zähmt und sich ihre Arbeitskraft zunutze macht), der Yin Kang bat, einen «Großen Tanz» für sein Volk zu erfinden, auf daß es sich auf vergnügliche Weise ertüchtigen und Krankheiten abwehren könne. Später, während der Han-Zeit, trug der bereits erwähnte berühmte Arzt und Chirurg Hua T'o zu der Entwicklung der Kunst des *T'ai-chi ch'üan* bei. Hua T'o war ein scharfer Beobachter der Natur und des Lebens in freier Wildbahn und meinte, daß der Mensch im Hinblick auf die Gesunderhaltung des Körpers viel von den Tieren lernen könne.

Das *T'ai-chi ch'üan* wird auch das «lange *ch'üan*» genannt, weil die einzelnen Bewegungsabläufe nahtlos ineinander übergehen. Es sollte so leb-

haft und behend ausgeführt werden, wie ein Rad sich dreht. Es wird auch das «sanfte *ch'üan*» genannt, weil man nicht rohe Gewalt anwenden soll, um einen Gegner zu besiegen. Aber indem man den richtigen Augenblick und die richtige Stellung abpaßt, kann man die Kraft des Gegners benutzen, um ihn aus dem Gleichgewicht zu bringen. Es gibt ein taoistisches Sprichwort: «Vier Unzen Kraft können eine Masse von tausend Pfund umwerfen.»

T'ai-chi als Selbstverteidigung und ausgezeichnete Übung

T'ai-chi ch'üan ist sowohl eine Selbstverteidigungstechnik als auch eine ausgezeichnete Übung. Wenn jemand eine Verteidigungstechnik lernen will, sollte er sich einen kompetenten Lehrer suchen, wenn es einem aber darum geht, sich Bewegung zu verschaffen, kann man nach ein paar Unterrichtsstunden täglich allein weitermachen. Wir bezeichnen es als ausgezeichnete Übung, weil es nicht anstrengend ist und fast zu jeder Zeit von jedermann beinahe überall ungeachtet des Alters, des Geschlechts und der körperlichen Verfassung ausgeführt werden kann. Und doch ist es eine außerordentlich wirksame Methode, einen Menschen «total fit» zu erhalten. *Total Fitness* ist der Originaltitel eines bekannten Buches von Prof. L. E. Morehouse.[1] Diese Formel gefällt uns nicht nur, weil sie genau zu unserer Schilderung paßt, sondern auch, weil die Lehre der leichten Übung nach Morehouse der des *T'ai-chi ch'üan*, das ebenfalls kein hartes Training verlangt, ziemlich nahe kommt. Das Geheimnis seiner Wirksamkeit besteht darin, daß es alle Gelenke sanft trainiert. Wenn man dazu noch die tiefe Atmung anwendet, kann man sich auf diese Weise ohne weiteres die Jugendlichkeit erhalten. Denn bei den meisten Leuten macht sich das Alter durch die steifen oder sogar schmerzenden Gelenke bemerkbar. Wenn es soweit gekommen ist, kann man den Körper nicht mehr richtig benutzen, und es geht mit der Gesundheit schnell bergab.

Ernährung

Nach der taoistischen Lehre bildet das Essen den dritten Pfeiler der Gesundheit. Die alten Chinesen hatten so ziemlich dasselbe über die Ernährung zu sagen wie westliche Ernährungsfachleute heute. Sun Szu-mo, der berühmte taoistische Arzt aus dem siebten Jahrhundert, den wir schon mehrfach erwähnt haben, schrieb: «Ein wirklich guter Arzt sucht zuerst nach dem Bedingenden der Krankheit und versucht, nachdem er es herausgefunden hat, zunächst, sie durch die Ernährung zu kurieren. Erst wenn dies fehlschlägt, verschreibt er eine Arznei.» Dies unterscheidet sich kaum von dem, was Tom Spies, der Altmeister der amerikanischen Ernährungswissenschaft, vor kurzem zu sagen hatte: «Wenn wir nur über genügend Wissen verfügten, könnten alle Krankheiten allein durch richtige Ernährung verhütet und geheilt werden.»

Essen als Vergnügen ist für den, der das Tao praktiziert, relativ unwichtig. Aber er achtet darauf, was er ißt, um gesundheitlich auf der Höhe zu bleiben. Ernährungsfragen wurden im alten China sehr ernst genommen und sollten uns Heutigen genauso wichtig sein. Es gibt viele gute moderne Bücher über dieses Thema. Jeder kann sich informieren, wie man sich ernähren sollte. Aber auch wenn man nichts darüber liest, merkt man schon, was einem bekommt, wenn man die Auswirkungen verschiedener Nahrungsmittel auf die Verdauung und allgemeine körperliche Verfassung beobachtet. In der heutigen Überflußgesellschaft sind wir alle versucht, zuviel zu essen und zu trinken. Es gehört zu den schlimmsten Dingen, die man seinem Körper antun kann, daß man sich überißt. Wir täten alle besser daran, weniger Zeit bei Tisch und mehr Zeit auf dem Liebeslager zu verbringen.

Worte zu hören oder die Stimme
erregt die Romantischen.
Die Lüsternen erregt
die Berührung des yü-ching. . .
WU HSIEN

12
WIE
MAN DAS TAO
ERLERNT

Das Tao der Liebe zu erlernen ist im Grunde nicht schwer, vorausgesetzt, man bringt es fertig, Vorstellungen zu akzeptieren, die ganz verschieden von den westlichen sind. Wir alle haben vorgefaßte Meinungen, die nur schwer abzulegen sind. Es müssen schon sehr stichhaltige Argumente sein, wenn sie uns von den gewohnten Bahnen abbringen sollen. Aber das Tao liefert überzeugende Gründe dafür, daß wir einige unserer Vorstellungen von der Liebe ändern. Beispielsweise lehnen viele Frauen den Gedanken an «Geschicklichkeit» oder «Technik» in der Liebe ab. Und das zu Recht. Im gegenwärtigen Sprachgebrauch bezeichnet man so die Methoden, deren sich eine «Professionelle» beim Geschlechtsverkehr bedient, und das ist für eine Frau beleidigend. «Technik» ohne Wärme und Gefühl reduziert den Koitus zu einem seelenlosen Akt. Andererseits betonen die chinesischen Taoisten, obwohl sie Liebe und Sexualität mit Zärtlichkeit und äußerster Sensibilität verbunden sehen wollen, gleichermaßen den Aspekt der Geschicklichkeit. Ihrer Ansicht nach muß man sich, wenn man etwas gut machen will, die Fähigkeit dazu erwerben. Wenn man Klavier spielen will, muß man zuerst Fingerübungen machen und dann täglich üben. Wenn man malen will, muß man zeichnen und etwas von Komposition lernen. Genauso müssen Männer und Frauen, wenn sie ihre Beziehungen erfolgreich gestalten wollen, lernen, sich zu lieben. Balzac hat vor über hundert Jahren gesagt, daß ein ungeschickter Liebhaber wie ein Affe sei, der versuche, Violine zu spielen. Und er hatte recht! Ein ungeschickter Liebhaber kann einer Frau das Gefühl geben, daß er in ihrer Vagina onaniert. Germaine Greer hat in ihrem Buch *Der weibliche Eunuch* eine solche Erfahrung beschrieben: «Wenn ein Mann sich zu masturbieren schämt und statt dessen zu seiner sexuellen Erleichterung Frauen anfällt, wird die der masturbatorischen Handlung geltende Scham, die in diesem Fall nichts nennenswert anderes ist, wenn man davon absieht, daß die Reibung von einem weiblichen Organ ausgeführt wird und die Ejakulation in der Vagina stattfindet, auf die Frau projiziert. Der Mann betrachtet sie als Behälter, in den er seine Spermien geleert hat, als eine Art menschlichen Spucknapf, und wendet sich mit Ekel von ihr ab.»

Das Tao rät, daß der Mann seine Liebesfähigkeiten entwickelt, damit er seine Partnerin als Mensch zu schätzen weiß und als Geschlechtswesen befriedigen kann. «Befriedigung» im taoistischen Sinne beinhaltet nicht nur einen unmittelbaren Lustgewinn, sondern bezieht in einem tieferen, eher metaphysischen Sinne mit ein, daß beide Liebenden zur Ruhe kommen. Wenn das Tao der Liebe von «Technik» spricht, ist damit nicht nur die Fähigkeit gemeint, auf kontrollierte Weise zu stoßen und zu ejakulieren, sondern die Entfaltung aller Sinne, die zu einer wirklichen Harmonie zwischen Yin und Yang führt. Der Beischlaf ist dann nicht bloß ein mechanischer Akt, sondern ein totales Erlebnis. Ein Pianist kann es zu einer meisterhaften Fingertechnik bringen, ist deshalb aber noch nicht mehr als ein Techniker. Erst wenn er Geist, Sinnenhaftigkeit und Phantasie in sein Fingerspiel auf den Tasten einfließen läßt, wird er zu einem echten Künstler. Genauso ist es auch mit der ekstatischen Liebe.

Entwicklung der Sinne

Wir sind alle bis zu einem gewissen Grad Opfer unserer puritanischen Vergangenheit und unserer verkünstelten, synthetisierten Gegenwart. Wir müssen es erst wieder lernen, beispielsweise unseren Geruchssinn zu reaktivieren, der neben dem Tastsinn vielleicht der wichtigste in der Liebe ist. Wir werden ständig mit Reklame für Deodorants für fast jeden Körperteil bombardiert, bis wir vor lauter Bädern und Seifen schließlich wie parfümierter Kunststoff frisch aus der Fabrik riechen. Dabei haben wir die Tatsache vergessen, daß Männer und Frauen sich von Natur aus eigentlich aufgrund ihres individuellen, natürlichen Geruchs instinktiv zueinander hingezogen fühlen. Häufig erregt sie der Geruch eines andersgeschlechtlichen Wesens mehr als alles andere. Der besondere Duft der Haut, der Haare, des Mundes, der Genitalien eines Menschen kann auf einen Gleichgestimmten höchst angenehm oder sogar überwältigend aufregend wirken. Dies mag den populären und doch geheimnisvollen Begriff «chemische Anziehungskraft» wenigstens teilweise erklären. Es mag natürlich Leute geben, die sich von dem starken, beißenden Geruch der Vagina abgestoßen fühlen. Wenn man jedoch versucht, diesen Geruch durch übermäßiges Sprayen oder Duschen loszuwerden, so kann dies das natürliche Gleichgewicht von Scheidensekreten und Mikroorganismen stören und zu Infektionen führen. Wir haben nichts gegen Sauberkeit und einfache Hygiene. Ganz im Gegenteil. Wir wollen nur sagen, daß bei den meisten Menschen, bei Männern wie Frauen, einfache Hygiene und allgemeine Reinlichkeit vollkommen genügen.

Auch der Tastsinn bedarf der Entwicklung. Zu Zeiten der Queen Victoria hat man sich angekleidet geliebt. Abgesehen von den Genitalien gab es keinen direkten Körperkontakt. Heutzutage geht man zwar nur noch selten angezogen ins Bett, aber wir neigen immer noch dazu, das Sexuelle auf den genitalen Kontakt zu beschränken. Dabei liegen Welten zwischen dem mechanischen genitalen Sex und der Liebe mit dem ganzen Körper und mit wachen Sinnen. Körperberührung gehört einfach zu einem wirklich befriedigenden Liebeserlebnis dazu. Die Liebe sollte ein harmonisches Zusammenspiel zwischen Männern und Frauen sein, bei dem die Hände und alle anderen Körperteile Lust geben und empfangen. Und zwar so:

1. Während Sie sich lieben, sollten Sie beide nicht aufhören, sich mit den Händen zu berühren, bis Sie beide müde sind und einschlafen wollen.

2. Klitoris und Brüste sind gewöhnlich die empfindlichsten Stellen einer Frau. Aber berühren Sie sie dort nicht sofort: Streicheln Sie ihre Hände, und küssen Sie die zuerst. Frauen sind auch um das Rückgrat herum vom Kopf bis zu den Hüften empfindlich. Die einzelnen Stellen sind von Frau zu Frau verschieden, meistens sind es die Ohren, der Nacken und die Taille, besonders hinten. Auch die Innenseiten der Schenkel sind höchst empfindlich. Es ist eine der größten Freuden der Liebe, Bauch gegen Bauch zu reiben.

3. Bei Männern sind die empfindlichsten Stellen, abgesehen vom Phallus, die Ohren und bei manchen die Brust. Ungefähr die Hälfte aller Männer hat Brustwarzen-Erektionen. Man kann es auch bei ihnen an der Innenseite der Schenkel versuchen.

4. Lassen Sie Ihre Hände vom Kopf bis zu den Zehen wandern. Sie sollten nicht an einem Fleck verharren. Lassen Sie die Hände immerfort über den Körper Ihrer Partnerin gleiten. Ihr eigener Körper reagiert darauf, wenn die Frau dann anders atmet oder sich wonnevoll an Ihren Körper anschmiegt.

5. Zu Beginn des Liebesspiels sollte die Frau sich darauf konzentrieren, den Körper des Mannes überall zu berühren, aber zunächst darauf verzichten, seinen Phallus mit der Hand zu stimulieren. Außer es ist eine Frau, die durch die Berührung des *yü-ching* schnell erregt wird. Auch wenn ein längerer Körperkontakt beim Mann nicht zur Erektion führt, sollte die Frau natürlich mit den Händen nachhelfen. Ältere Männer reagieren anders als jüngere Männer, wenn man ihre Genitalien berührt. Der Phallus eines jungen Mannes ist gewöhnlich empfindlicher und ejakuliert schneller. Er sollte am ganzen Schaft entlang leicht berührt werden. Üben Sie einen leichten Druck um die Wurzel herum aus, nicht aber an der Eichel. Mit dem Penis eines älteren Mannes muß man nicht ganz so zart umgehen. Er erigiert oder ejakuliert nicht so schnell. Einen älteren Mann bringt man am besten zur

Erektion, indem man beide Hände zu Hilfe nimmt. Wenn man die Hände zu einer Muschel formt, kann man den Penis leicht stimulieren: Die meisten Männer finden das sehr erregend, weil es sie an das Eindringen in die Vagina erinnert. Üben Sie nicht zuviel Druck auf die Vorhaut aus, wenn Ihr Partner nicht beschnitten ist. Das könnte nämlich zu einer unangenehmen Reizung führen. Streicheln Sie ihn statt dessen an der Eichel und an den Hoden. Unerfahrene Frauen neigen dazu, den Hodensack zu ignorieren. Erfahrene Frauen wissen genau, wie wichtig die Eier sind. Besonders ältere Männer haben es gern, wenn man ihre Hoden befühlt. Aber gehen Sie vorsichtig damit um! Am besten umfaßt man den ganzen Sack mit den Händen, während man ihn und die Wurzel des Phallus mit den Fingerspitzen stimuliert. Aber drücken Sie nicht zu fest zu.

Wenn Sie einen jüngeren Mann so stimulieren, kann es sein, daß er sehr schnell kommt, seien Sie also vorsichtig. Auf jeden Fall sollten Ihre Hände zart mit ihm umgehen. Seien Sie darauf gefaßt, daß verschiedene Männer ganz verschieden reagieren. Manche werden vielleicht so erregt, daß es Ihnen in die Hand kommt, während andere nicht einmal ganz erigieren.

6. Männer sollten darauf achten, daß ihre Hände glatt und sauber sind. Nur wenige Frauen genießen eine rauhe Behandlung. Die meisten Frauen denken wie Marlene Dietrich, die gesagt hat: «Jeder echte Mann ist sanft; ohne Zärtlichkeit ist ein Mann uninteressant.» Denken Sie daran, daß Ihre Hände an einigen äußerst empfindlichen Stellen sein werden. Viele Frauen sind daran gewöhnt, daß ihre Klitoris mit den Fingern stimuliert wird, und können ohne die ausgedehnte, aber behutsame Hilfe Ihrer oder der eigenen Finger weder ganz erregt werden noch zum Orgasmus kommen. Ein grober oder schmutziger Finger kann eine Reizung oder sogar eine Infektion verursachen. Es gibt auch Frauen, die nur zum Höhepunkt kommen, wenn man ihre Brust streichelt. Andere Frauen wiederum mögen es ganz und gar nicht, wenn man sie mit den Fingern stimuliert – man muß das durch Probieren herausfinden. Es kann sein, daß sie etwa auf totalen Körperkontakt anspricht, aber das Gefinger des Mannes in ihrem Geschlechtsorgan nicht ausstehen kann. Eine solche Frau kann für Männer, die auf Fingerübungen nicht gerade versessen sind, genau das Richtige sein.

Wir müssen nicht nur lernen, einander zu berühren, sondern auch miteinander zu kommunizieren. Dabei geht es nicht nur darum, was man sagt, sondern wie man es sagt. In gewisser Hinsicht sind wir alle noch wie Säuglinge. Wir reagieren eher auf Geräusche als auf tatsächliche Worte. Das trifft besonders auf den Geschlechtsakt zu.

Freud hat uns gelehrt, daß das sexuelle Verhalten in der frühesten Kindheit verwurzelt ist. Konditioniert werden wir durch die zärtliche Berührung und die tröstende Stimme unserer Mutter. Die Unterhaltungsindustrie hat schon immer gewußt, was eine Stimme wert ist, die sexy klingt. Die menschliche Stimme ist ein geheimnisvolles und wunderbares Instrument. Ihre sollte das auch sein. Völliges Schweigen während des Liebesakts kann Ihren Partner verunsichern. Es kann als Mangel an Interesse oder als Unzufriedenheit ausgelegt werden. Das soll nicht heißen, daß wir Ihnen ein philosophisches Gespräch vorschlagen – bringen Sie einfach Ihre Anerkennung und Befriedigung zum Ausdruck. Wichtig ist unter anderem:

1. Vollkommenes Schweigen kann als Unzufriedenheit ausgelegt werden.
2. Vermeiden Sie harte oder negative Worte oder Geräusche.
3. Üben Sie nie Kritik! Das kann sich verheerend auswirken. Egal wie männlich Ihr Partner ist, er wird sein Selbstvertrauen verlieren, wenn Sie ihn in dem Augenblick angreifen, in dem er am verletzlichsten ist – beim Koitieren.
4. Ein Lob mit süßer, sanfter Stimme wirkt oft Wunder.

Das Tao ist nicht nur für Männer da

Auch Frauen müssen etwas vom Tao verstehen. Zum Beispiel könnte eine Frau, die das Tao nicht kennt, verletzt oder beleidigt sein, wenn ihr Mann nicht ejakuliert. Sie könnte dann glauben, daß sie ihn nicht zufriedengestellt, daß sie versagt hat. Auch sie muß lernen, daß Orgasmus und Ejakulation nicht ein und dasselbe sind. Das ist nicht nur ein grundlegender Gedanke des Taos der Liebe, sondern ein Prinzip, das auch von Kinsey erkannt worden ist: «Trotzdem kann der Orgasmus auch ohne eine Samenausstoßung stattfinden . . . Auch bei einigen erwachsenen Männern kann dies vorkommen . . . die bewußt ihre Genitalmuskeln zusammenziehen können (fünf Fälle), um durch diesen sogenannten Coitus reservatus die

Empfängnis zu verhüten. Diese Männer erleben einen echten Orgasmus, was zu erkennen ihnen auch keineswegs schwerfällt, sogar wenn keine Ejakulation stattfindet.»[1] Dies mag dadurch kompliziert werden, daß manche Frauen meinen, es verschaffe ihnen Befriedigung zu spüren, wie der Mann in ihnen ejakuliert. Das ist ein kleiner Nachteil gegenüber den Vorteilen des Taos der Liebe. Aber welche Frau hätte nicht lieber einen Mann, der die ganze Nacht lieben kann – und am Schluß dann auch ejakuliert –, als einen, dem es gleich beim ersten Mal kommt und der dann sofort einschläft? Und für Frauen, denen die künstlichen Verhütungsmittel alle unangenehm sind, besitzt das Tao noch einen zusätzlichen Vorteil. Denn wenn ein Mann das Tao der Liebe wirklich beherrscht, ejakuliert er nur einmal alle paar Wochen, und Verhütungsmittel werden fast überflüssig. Es ist nicht übertrieben zu behaupten, wenn das Tao der Liebe erst einmal überall bekannt ist, werden die schädlichen künstlichen Verhütungsmittel veraltet sein. Das Tao kann nicht alles, was seine Interpreten im siebten Jahrhundert behauptet haben, aber es kann Ihnen zu der Harmonie zwischen Yin und Yang verhelfen. Und diese wiederum verschafft Seelenruhe, Lebensfreude und verlangsamt den Alterungsprozeß.

Die Bedeutung des richtigen Partners

Wie bereits erwähnt, kann eine teilnahmslose Frau, die nicht mitspielt, selbst einen erfahrenen Mann irritieren. Zum Beispiel wird ein Mann, der das Tao jahrelang praktiziert hat, dennoch Schwierigkeiten haben, wenn er es mit einer verklemmten und rechthaberischen Partnerin zu tun hat. Das ist ein Grund mehr dafür, daß beide Partner das Tao der Liebe kennen und praktizieren. Die Frau sollte wenigstens Begriffe wie «weiches Eindringen», «Ejakulationssteuerung» usw. kennen. Fast alle alten taoistischen Texte haben darauf hingewiesen, wie wichtig es ist, den richtigen Partner zu finden. Bei der Liebe wie beim Tanzen oder beim Sport geht es nicht ohne einen Partner, der mitspielt. Das soll jedoch nicht heißen, daß man bei jedem Koitus, und sei es mit einem idealen Partner, vollkommene Harmonie erreichen kann. Es ist das Gesamtergebnis, das zählt. Tiefes erotisches Küssen kann dazu beitragen, Yin und Yang zu harmonisieren, aber erotisches Küssen führt nicht immer zum Koitus. Hin und wieder soll das Liebesspiel jedoch zur vollkommenen Harmonie zwischen Yin und Yang führen. Um es auf herkömmliche Weise zu sagen: Vollkommene sexuelle Harmonie bedeutet Orgasmen, und zwar mehr Orgasmen bei der Frau – ausgelöst von der Klitoris, in der Vagina oder beides zusammen. Die Diskussion um die verschiedenen Arten von Orgasmen bei der Frau ist irrelevant, wenn man das Tao der Liebe praktiziert. Wenn man tausend Stöße täglich genießt, wird die Auseinandersetzung unwichtig. Die ganze Orgasmusfrage erscheint in einem anderen Licht, wenn ein Mann eine Frau mehrmals am Tag lieben kann anstatt nur einmal in der Woche.

Natürlich gibt es Menschen, denen der Sinn nicht nach so viel Liebe steht. Das mag daran liegen, daß sie es nie versucht haben. Solange der Mann sich an unsere Empfehlung der Ejakulationssteuerung hält, braucht er sich nicht anzustrengen, sondern nur zu genießen. Und wenn seine Partnerin erst einmal die Lust der Liebe, so wie sie hier geschildert wird, erfahren hat, wird der Geschlechtsakt sie kaum je langweilen oder ermüden. Aber das heißt nicht, daß man den ganzen Tag im Bett verbringen soll. Wenn jeder Koitus inklusive Vorspiel etwa zwanzig Minuten dauert, dann dauern sechs Geschlechtsakte nicht länger als zwei Stunden. Die meisten Paare verbringen mehr Zeit damit, fernzusehen oder ins Kino zu gehen, und finden das vermutlich nicht sonderlich befriedigend. Regeln lassen sich in diesem Falle nicht aufstellen, man kann seine Geschlechtsakte über vierundzwanzig Stunden verteilen oder sie alle auf einmal genießen, je nachdem, wie es den beiden Partnern am besten gefällt. Die Intensität des Koitus wird von Mal zu Mal variieren. Natürlich braucht man sich nicht jeden Tag so oft zu lieben.

Der Orgasmus beim Mann – im Sinne des Taos der Liebe

Wie bereits erwähnt, ist die Ejakulation vom taoistischen Standpunkt aus nur eine momentane Empfindung, wie ein Blitz oder eine Explosion aufgestauter Energie. Wenn ein Mann regelmäßig koitiert, sind seine sexuellen Energien ausgeglichen, und sein Bedürfnis zu ejakulieren ist stark herabgesetzt. Die Liebe ist weniger punktuell und explosiv als stetig und fließend. Der Geschlechtsverkehr sollte wie ein gutes Essen sein. Jeder Gang sollte an sich hervorragend sein und gleichzeitig Appetit auf den nächsten machen, bis man, am Ende des Menüs, vollkommen befriedigt ist. Diese Befriedigung beruht jedoch auf dem gesamten Erlebnis und nicht auf einer Anhäufung von Teilgenüssen. So sollte es auch in der Liebe sein. Sowohl nach der Auffassung der alten Taoisten als auch nach dem Wissensstand der modernen Medizin ist es besser, in regelmäßigen Abständen kleine Mahlzeiten zu sich zu nehmen, als in großen Intervallen große Mengen zu vertilgen. Diese Vorstellung sollten Männer und Frauen sich zu eigen machen, wenn sie das Tao schnell und gründlich erlernen wollen.

Antworten auf einige Fragen

Der einzige Umwandler und Alchimist,
der alles zu Gold macht, ist die Liebe.
Der einzige Zauber gegen Tod,
Altern und den Alltagstrott ist die Liebe. [2]

Obwohl Kinseys und Masters' und Johnsons Untersuchungen uns für neue Ideen über Liebe und Sexualität empfänglicher gemacht haben, ist das Tao der Liebe als Ganzes gesehen für viele Abendländer immer noch ein erstaunliches Konzept. Es hat selbst eine gute Freundin von mir erstaunt, als ich dieses Buch zu schreiben begann, aber heute ist sie fast eine Taoistin.

Nach der Lektüre dieses doch etwas aus dem Rahmen fallenden Buches wird der Leser unweigerlich noch viele Fragen haben. Für diejenigen, die das Tao der Liebe erlernen wollen, wird es sicher nützlich sein, wenn wir hier einige dieser Fragen vorwegnehmen:

1. Worin besteht der Unterschied zwischen dem Taoismus als philosophischer und als religiöser Lehre? – Wie viele allgemein bekannte philosophische Lehren des Ostens, wie Buddhismus und Konfuzianismus auch, wurde der Taoismus im Laufe der Zeit verfälscht und zu einer Art Religion umgedeutet, man baute Tempel, führte Zeremonien ein und betete Bildnisse an, das heißt, man tat genau das, was ein wirklicher Taoist verabscheut. In diesem Buch ist ausschließlich vom Taoismus als philosophischer Lehre die Rede.

2. Wie sieht die taoistische Vorstellung von der Liebe aus? – Sie hat weniger romantische und mehr praktische Komponenten als die herrschende westliche Vorstellung. Im allgemeinen glaubt der Taoist, daß körperliche Harmonie nicht von geistiger Harmonie zu trennen ist. Ein Paar, das es versteht, sich ekstatisch zu lieben, wird einander wahrscheinlich in jeder Hinsicht Frieden und Harmonie schenken können, wodurch die Liebesbeziehung dann wieder enger und dauerhafter wird. Bevor sie miteinander «geschlafen» haben, empfanden sie vielleicht nur vage Zuneigung. Im Westen

147

dagegen ist man der Ansicht, daß ein Paar sich erst romantisch verlieben sollte, bevor es miteinander ins Bett geht.

3. Warum hat dieses Buch dem weiblichen Leser so wenig zu sagen? – Alle alten Bücher über das Tao der Liebe wurden fast ausschließlich für Männer geschrieben, und zwar aus dem einfachen Grunde, weil Männer zum Feuer «gehören», das leicht gelöscht werden kann, wohingegen Frauen zum Wasser «gehören». Wir glauben jedoch, daß die Kenntnis des Taos der Liebe auch Frauen zugute kommen kann. Man kommt dennoch nicht um die Tatsache herum, daß der Mann im Hinblick auf den Geschlechtsakt immer noch viel verwundbarer ist und daß es viele Männer gibt, die dringend Hilfe benötigen. Der Hauptzweck dieses Buches besteht deshalb darin, ihnen dahingehend Beistand zu leisten, daß sie bessere und gesündere Liebhaber werden. Wenn wir das erreichen, werden viele Frauen davon natürlich auch ihren Vorteil haben.

4. Ist das Tao der Liebe vom medizinischen Standpunkt aus der Gesundheit zuträglich, und läßt sich das beweisen? – Das Werk des großen Sun Szu-mo[3] aus dem siebten Jahrhundert – *Kostbare Rezepte* – ist nie in Zweifel gezogen und erst in jüngster Zeit, nämlich 1955, in China neu aufgelegt worden. Sun wird auch im heutigen China noch hochgeachtet. Einiges über seine Theorien findet sich in Kapitel 4 auf Seite 65 ff und in der «Zusammenfassung». Aber wir sind nicht allein auf ein Werk angewiesen, das erstmals vor zwölfhundert Jahren veröffentlicht wurde. Masters' und Johnsons Untersuchungen aus den vergangenen zwanzig Jahren haben viele der Grundlagen bestätigt, auf denen das Tao der Liebe basiert, und ihre Theorien werden von vielen Therapeuten und vielen Kliniken auf der ganzen Welt angewendet.

5. Was halten Sie für die wichtigste Eigenschaft dieser alten Liebeslehre? – Galen, der berühmte römische Arzt aus dem zweiten Jahrhundert, hat gesagt: «Nach dem Koitus sind alle Lebewesen traurig, außer den Frauen und den Hähnen.» Nach Ansicht eines taoistischen Arztes wäre dieser Ausspruch viel zutreffender, wenn man das Wort «Koitus» durch «Ejakulation» ersetzen würde. Fast jeder Mann kennt die verheerende Nachwirkung der Ejakulation – das plötzliche Gefühl, fast jedes Interesse an seiner Frau verloren zu haben, das sogar so weit gehen kann, daß er sich fragt, warum er sie je geliebt hat. Die meisten Frauen spüren schnell, daß ihr Geliebter sich von ihnen entfernt hat und gleichgültig geworden ist. Es ist eine bekannte Tatsache, daß viele Männer fast sofort nach der Ejakulation einschlafen und ihre Partnerin unbefriedigt und einsam zurücklassen. Bei loseren Bezie-

hungen ist das sogar noch schlimmer: Die Männer verspüren oft den Wunsch, augenblicklich wegzugehen, und viele tun das auch. Das ist demütigend und tief verletzend, und wenn sich feindselige Gefühle dieser Art summieren, können sie leicht in gegenseitigen Haß umschlagen. Die Tatsache, daß man, wo man hinblickt, erstaunlich wenige glückliche Gesichter sieht, zeigt, wie weit verbreitet die Unzufriedenheit ist. Menschen mit einem befriedigenden Liebesleben sind gewöhnlich glückliche Menschen. Dies erklärt zumindest teilweise, warum es heute so viel Haß und so wenig Liebe in der Welt gibt. Das Tao der Liebe mit seinen Methoden der Ejakulationskontrolle usw. könnte all das ändern. Und das halte ich für die wichtigste Eigenschaft des Taos der Liebe.

Weil sie dem praktischeren Geschlecht angehören, sind fast alle meine Freundinnen jedoch anderer Ansicht. Sie sprechen davon, daß das Tao der Liebe ihnen die unbegrenzte Freiheit gebe, ihre Männer zu streicheln, und dies ist eine andere wichtige Eigenschaft des Taos. Ehe sie das Tao kannten, waren sie ausnahmslos ausgehungert nach liebevoller Zärtlichkeit, die zwischen ihnen und ihren gestressten Männern kaum existierte. Das Tao änderte das schnell. Eine andere, gleichermaßen wichtige Eigenschaft des Taos der Liebe ist, wie sie übereinstimmend feststellten, die Möglichkeit der Geburtenkontrolle. Eine von ihnen sagt ganz unverblümt: «Es ist einfach herrlich, sich zu jeder Tages- und Nachtzeit lieben zu können, ohne den ganzen ekelhaften chemischen und anderen Kram, bei dem die Liebe auf der Strecke bleibt!»

6. Fehlt diesen Frauen etwas, wenn der Mann nicht ejakuliert? – Nur einigen wenigen kommt es anfangs seltsam vor, aber sie gewöhnen sich schnell daran und sind bald geradezu überwältigt von den Vorteilen.

7. Woran liegt es, daß so viele Männer sich nach der Ejakulation innerlich von ihren Frauen entfernen? – Die alten Taoisten glaubten, daß *ching* die eigentliche Antriebskraft der Liebe zur Frau sei; ja sie glaubten sogar, *ching* sei die wichtigste Lebenskraft überhaupt. Wenn ein Mann erst einmal ejakuliert hat, fühlt er sich wie ein platter Reifen, besonders, wenn er sehr häufig ejakuliert.

8. Können Sie den alten Glauben, daß Männer zum Feuer und Frauen zum Wasser «gehören», mit modernen Worten erklären? – Es bedeutet einfach, daß bei der herkömmlichen Liebestechnik die Männer sich oft in dem Versuch erschöpfen, ihre Frauen zu befriedigen, und es doch nur mühsam zuwege bringen. Das ist sogar in der westlichen Welt allgemein bekannt. In ihrem Bestseller *Angst vorm Fliegen* hat Erica Jong das klar und deutlich ge-

sagt. Weniger direkt haben viele andere vor ihr wie Havelock Ellis, D. H. Lawrence, Aldous Huxley und Doris Lessing die gleiche Ansicht geäußert.

9. Beeinflußt das Essen die Liebe? – Ja, sehr! So sehr, daß man behaupten darf, wenn Männer und Frauen ständig ungesund essen, können sie unmöglich ein gesundes und befriedigendes Liebesleben führen. Man muß hier hinzufügen, daß ein Steak-Esser nicht unbedingt ein besserer Liebhaber ist als ein Vegetarier. Das hängt alles davon ab, ob man weiß, was dem eigenen Körper angemessen ist.

10. Können Sie einige Gründe nennen, warum das Tao für die Gesundheit und Langlebigkeit von Männern und Frauen von vitaler Bedeutung ist? – Das Tao ist aus zwei Gründen für alle von Nutzen. Erstens, wenn Männer und Frauen sich so oft lieben können, wie es sie verlangt, führen sie ein glückliches und harmonisches Liebesleben. Diese Harmonie kann sogar das Verhältnis zu ihren Mitmenschen verändern. In den Vordergrund treten dann Güte und Verständnis; kleinlicher Neid und nagende Eifersucht verlieren sich mehr und mehr. Es liegt auf der Hand, daß sie sich so wohler fühlen und daher gesünder und länger leben.

Der zweite Vorteil besteht darin, daß häufiger Beischlaf ein gesundes hormonelles Gleichgewicht mit sich bringt. Die moderne Medizin hat festgestellt, daß das hormonelle Gleichgewicht für den Menschen lebenswichtig ist. Die alten Taoisten würden sagen, dies sei nur einer der Vorzüge der Harmonie zwischen Yin und Yang. Die Taoisten glaubten, je häufiger man sich liebe, desto besser lasse sich das hormonelle Gleichgewicht wahren. Manche Ärzte wenden bei ihren Patienten bereits eine Therapie mit Sexualwirkstoffen, potenzfördernden Drogen oder künstlichen Hormonen, an. Eine solche, hormonelles Gleichgewicht anstrebende Behandlung kann, nicht nur was das Arzthonorar betrifft, sondern auch im Hinblick auf mögliche gefährliche Nebenwirkungen, teuer zu stehen kommen. Aber wozu brauchen wir künstliche Wirkstoffe, wenn doch unsere Körper sehr wohl in der Lage sind, diese auf natürliche Weise unvergleichlich billiger und ungefährlicher zu produzieren? Häufiger «Beischlaf» kann den männlichen Körper beispielsweise dazu anregen, mehr Testosteron zu produzieren. In einer interessanten Untersuchung, die 1974 vom Max-Planck-Institut für Psychiatrie in München durchgeführt wurde, haben der Endokrinologe Karl M. Pirke, der Psychiater Götz Kockott und der Psychologe Franz Dittman festgestellt, daß bereits visuelle Stimulation allein ohne Koitus oder Ejakulation den Testosteronspiegel im Blut des Mannes erheblich anheben kann. Die visuelle Stimulation bestand in einem halbstündigen Film, in dem Petting, Striptease, Vorspiel und Koitus in verschiedenen Positionen gezeigt wurden. Bei sechs von acht Männern zwischen einundzwanzig und vierunddreißig Jahren stieg dabei der Testosteronspiegel beträchtlich. Man darf wohl annehmen, daß diese Münchner Untersuchung den alten taoistischen Glauben untermauert, wenn Männer und Frauen sich in irgendeiner Weise durch Küssen und Zärtlichkeiten stimulierten, sei das nutzbringend; Ejakulation sei keinesfalls immer nötig. Wenn der Testosteronspiegel allein durch visuelle Stimulation angehoben werden kann, dann sichert die Aktivität eines ausgedehnten Geschlechtsverkehrs das hormonelle Gleichgewicht ungleich mehr. Allerdings kann nach Ansicht der alten Chinesen ein Mann das nur erreichen, wenn er es gelernt hat, die Ejakulation zu steuern. Das leuchtet ja auch von selbst ein. Ohne ausgiebiges Liebesleben gibt es keine Harmonie zwischen Yin und Yang. Und das ist der zweite überzeugende Grund, warum das Tao für Gesundheit und Langlebigkeit von Männern und Frauen so wichtig ist.

*Wenn du hundertmal
ohne Erguß lieben kannst,
dann wirst du ein hohes Alter
erreichen.*
SUN SZU-MO

ZUSAMMENFASSUNG: EINIGE PERSÖNLICHE ERFAHRUNGEN

Im Jahre 1962 ehrte die Medizinische Akademie in Peking den wohl größten Arzt des alten Chinas, Sun Szu-mo, indem sie seiner Verdienste um das Volk gedachte. Nur die eine seiner zahlreichen Erfindungen, die Pockenimpfung, muß Millionen von Menschenleben gerettet haben.

Sun Szu-mo hat nicht nur anderen geholfen, er hat auch seine eigene Gesundheit in außergewöhnlicher Weise erhalten. Er lebte hundertundein Jahr, von 581 bis 682 n. Chr. Und es kann kein Zweifel daran bestehen, daß er zu den Menschen gehörte, die das, was sie lehren, auch praktizieren. Sein Rat: «Wenn du hundertmal ohne Erguß lieben kannst, dann wirst du ein hohes Alter erreichen», trug sicher dazu bei, daß er so alt geworden ist.

Wir zitieren Meister Sun hier nicht nur, weil sein Rat gewöhnlich an Wunder grenzende Resultate zeitigte, sondern auch, weil er das schwierigste Hindernis voraussah, das ein Mann überwinden muß, bevor er den vollen Nutzen vom Tao der Liebe haben kann. Er sagt in den *Kostbaren Rezepten*:

> *Ein Mann in seiner Jugend*
> *versteht das Tao meist nicht.*
> *Selbst wenn er davon hört oder liest,*
> *wird er kaum recht daran glauben oder ihm folgen.*
> *Wenn er dann in das empfindliche Alter kommt,*
> *wird ihm die Bedeutung des Taos aufgehen.*
> *Doch dann ist es oft zu spät,*
> *meist ist er schon zu krank und hat keinen Nutzen mehr davon.*

Der weise Meister Sun hat fast genau vorausgesagt, wie mein persönliches Schicksal dreizehnhundert Jahre später verlaufen ist, nur hatte ich Glück und begriff die Bedeutung des Taos, bevor es zu spät war.

Ich war etwa sechzehn Jahre alt, als ich zum erstenmal etwas über das Tao der Liebe las. Ich hatte aber keine Gelegenheit, es auszuprobieren (oder besser: ich war zu unschuldig, eine solche zu erkennen, oder zu schüchtern, eine zu ergreifen), ehe ich achtzehn Jahre alt war. Zu jener Zeit aber hatte ich schon eine Übersetzung von van de Veldes Werk *Die vollkommene Ehe* gelesen. In mancher Hinsicht ist dies ein ausgezeichnetes Buch, sonst wäre es nicht in der ganzen Welt so viel gelesen worden. Leider aber sind dem Dr. med. van de Velde einige schwerwiegende Irrtümer unterlaufen, vor allem, wenn er dem Mann rät, den Koitus erst zu versuchen, wenn er bereit ist zu ejakulieren. In diesem Punkt greift er Marie Stopes wegen ihrer abweichenden Meinung heftig an.

Aber welcher Achtzehnjährige würde nicht lieber van de Veldes Ratschlag, jedesmal zu ejakulieren, annehmen, anstatt Meister Sun zu folgen und sich nur bei einem von hundert Malen zu ergießen, oder wenigstens dessen modifizierten Rat für Zwanzigjährige annehmen, nur einmal alle vier Tage zu ejakulieren? Wie die meisten leicht zu beeindruckenden jungen Leute stürzte ich mich auf van de Veldes Theorie, um der von dem gestrengen altmodischen Meister Sun geforderten Disziplin zu entgehen. Leider wurde ich schwer dafür bestraft, daß ich zwölf Jahre lang diese alte Weisheit mißachtet habe!

Wie gesagt, ich war ein vitaler Bursche von achtzehn Jahren und zum erstenmal verliebt. Gemäß van de Veldes Rat tat ich mein möglichstes, meinem Mädchen Vergnügen zu bereiten. Obwohl wir nicht offiziell verheiratet waren (damals während des Krieges waren in China die Beziehungen so frei wie heute in Westeuropa), lebten wir mit dem Segen unserer Eltern zusammen wie Mann und Frau. Ich sollte bald einrücken, und wir verbrachten mehr als zwei Sommermonate in einer alten Stadt namens Tsunyi (heute hat sie historische Bedeutung, weil der Vorsitzende Mao während des Langen Marsches dort eine Zeitlang sein Hauptquartier aufgeschlagen hatte). Diese Stadt liegt, von dicken Mauern umgeben, auf einem Hochplateau. Im Sommer ist das Klima dort besonders angenehm. Die Temperatur blieb fast konstant bei einundzwanzig Grad, und die Sonne schien beinahe jeden Tag. Gegen Morgen regnete es meistens ein wenig, so daß die Luft immer frisch und rein war. In diesem idealen Klima wuchs alles aufs prächtigste. In dieser herrlichen Umgebung verbrachten wir unsere langen «Flitterwochen».

Und das Ergebnis? Vielleicht würde das Wort «Hilflosigkeit» die tragische Situation kennzeichnen. Warum aber «Hilflosigkeit», da wir doch beide gesund, sehr verliebt und weit weg von allen sichtbaren menschlichen Leiden waren. Außerdem, hatten wir nicht van de Veldes Handbuch? Aber das war es ja gerade, van de Veldes verbohrter Rat im Hinblick auf die Ejakulation: «. . . erreicht seine Klimax im Erguß des Samens in die Vagina und im annähernd gleichzeitigen Orgasmus oder Höhepunkt der Lust bei beiden Partnern.»

Ich tat also alles, um van de Velde zu folgen. Jedesmal, wenn wir uns liebten, ejakulierte ich, und wir liebten uns ungefähr dreimal am Tag. Aber wie sehr ich mich auch mühte, meine Partnerin wollte nur noch mehr. Drei Ejakulationen täglich, und das Tag für Tag über zwei Monate lang – das war mehr, als ein junger Mann leisten kann! Auf jeden Fall brachte ich nicht mehr zustande, ganz gleich, wie gut ich mich ernährte. Ich war dauernd er-

schöpft, und mein Schlafbedürfnis war enorm. Sie aber war nie wirklich befriedigt.

Obwohl ich zu dem Zeitpunkt bereits meine Zweifel an van de Velde hatte, folgte ich seinen Ratschlägen doch noch weitere zwölf Jahre. Doch alle meine Erfahrungen in dieser Zeit waren mehr oder weniger gleich. Unbefriedigte Liebespartnerinnen – ganz gleich, wieviel Mühe ich mir gab und wie ich mich erschöpfte. Meine gesundheitliche Verfassung stand in keinem Verhältnis zu meiner Jugend, und so war es höchste Zeit, als ich van de Veldes Empfehlungen ein für allemal in den Wind schlug und zur Weisheit der Alten zurückkehrte.

Jetzt bin ich fast sechzig, also in dem Alter, in dem viele Männer mit dem Geschlechtsverkehr aufhören. Und doch habe ich, außer wenn ich allein auf Reisen bin, mehrmals am Tag «Beischlaf». Oft liebe ich Sonntag morgens zwei- oder dreimal und fahre dann fast den ganzen Tag auf dem Fahrrad an die fünfzig Kilometer weit, und dann liebe ich vor dem Schlafengehen noch einmal. Das Ergebnis? Keine Spur von Müdigkeit oder Erschöpfung, und meine Gesundheit könnte nicht besser sein, mein Geist nicht ruhiger. Und vor allem komme ich nie mehr in die Lage, hilflos neben einer unbefriedigten Frau zu liegen. Was ist der Grund für diesen Wandel?

Ich praktiziere heute, was der taoistische Arzt Sun Szu-mo vor dreizehnhundert Jahren empfohlen hat: «Liebe hundertmal ohne Erguß.»

Nachwort

In Cambridge zeigte mir mein Freund Joseph Needham eines Tages eine Ansprache, seine letzte als Rektor, die er am Pfingstsonntag 1976 in der Kapelle des Caius College in Cambridge gehalten hatte. Wir fanden, daß darin so vieles anklingt, was auch in diesem Buch gesagt worden ist, daß es gut wäre, sie hier als Nachwort wiederzugeben. Viele meiner Leser dürften im christlichen Glauben erzogen worden sein, und für sie hat diese Rede eine besondere Botschaft, die mit dem hier vorliegenden Buch übereinstimmt. J. C.

Ansprache im Caius College in Cambridge am Pfingstsonntag 1976

Wir alle kennen den Abschnitt im dreizehnten Kapitel des ersten Briefes des Paulus an die Korinther: «Wenn ich jetzt mit Menschen- und mit Engelszungen redete und hätte der Liebe nicht, so wäre ich ein tönend Erz oder eine klingende Schelle. Und wenn ich weissagen könnte und wüßte alle Geheimnisse und alle Erkenntnis und hätte allen Glauben, also daß ich Berge versetzte, und hätte der Liebe nicht, so wäre ich nichts.»

Was ist mit dieser Erfahrung der Liebe gemeint? Wie kann man darüber reden, ohne Klischees, ohne Pathos, ohne Frivolität, ohne Roheit? Ich weiß es nicht genau, aber ich werde es versuchen, denn sie gehört, soweit ich sehen kann, zu den fundamentalen Dingen, um die unsere Religion und wohl alle hochentwickelten Religionen kreisen. Sicher war dies die Offenbarung, die den Jüngern an jenem ersten Pfingstsonntag zuteil wurde. In jeder Liturgie hören wir die zwei großen Gebote, durch die Jesus das alte jüdische Gesetz abgelöst hat, vielleicht sogar alle Gesetze jeder Art: «Du sollst lieben Gott deinen Herrn, von ganzem Herzen, von ganzer Seele und von ganzem Gemüte» und «Du sollst deinen Nächsten lieben wie dich selbst».[1] Er war nicht der erste, der diese Botschaft verkündet hat, sie geht mindestens bis ins siebte Jahrhundert vor Christus zurück,[2] aber er war es, der ihr, als der Substanz seiner Lehre, Allgemeingültigkeit verlieh. Ich möchte zuerst auf das zweite Gebot eingehen, weil es das Näherliegende ist, und wir werden sehen, ob das erste sich daraus ergeben wird.

Ich bin zutiefst davon überzeugt, daß einer der größten Irrtümer im christlichen Denken jahrhundertelang die strenge Trennung war, die so viele Theologen und geistliche Führer zwischen fleischlicher und seelischer Liebe machten. Es gibt jedoch keine strenge Trennung zwischen heiliger und profaner Liebe, zwischen Eros, Philia und Agape. Ich glaube, daß diese Trennung im wesentlichen eine manichäische Lehre war, die ins christliche Evangelium eingedrungen ist, der Glaube jener Gnostiker, welche die materielle Welt der Dinge und Körper als absolut und unverbesserlich böse bezeichneten; und daß der Gott körperlosen Lebens und Lichtes, den sie verehrten, kein Schöpfer und schon gar nicht *der* Schöpfer war. Der Schöpfer war ein böser Demiurg gewesen, und alles, was er auf der Welt schuf, war böse und abzuwehren. Dies ist gewiß nicht unsere Religion. Wir brauchen heute aber unbedingt eine neue Theorie der Sexualität, einmal, weil die Kirche von diesen manichäischen Vorstellungen jahrhundertelang so durchdrungen war, zum anderen aber auch, weil der Mensch seit dem siebzehnten Jahrhundert fundamentale neue Erkenntnisse gewonnen hat über die Natur der Fortpflanzung und die Struktur und Funktion seines eigenen Geistes. Wir brauchen sogar eine neue Moraltheologie, eine Anleitung zur Heiligkeit, die auf dem Wissen basiert, das wir heute haben, und nicht auf Tradition und Unwissenheit. Wie Samuel Keen geschrieben hat: «Obwohl der größte Teil des organisierten Christentums in seiner Haltung gegenüber dem Körper und der natürlichen Welt gnostisch bleibt, steht der wahre christliche Gott für Leidenschaftlichkeit, Feuer, neues Leben, ausgefüllteres Leben und die Auferstehung des Fleisches.» Und mit den Worten von Norman Pittenger: «Der Mensch ist dazu geschaffen, von Gott dazu bestimmt, ein Liebender zu sein, aber mit seinem Stolz und Eigenwillen hat er diese Absicht vereitelt . . . Der Schlüssel ist die Liebe.» Und an anderer Stelle: «Nach Gottes Willen ist der Mensch dazu bestimmt, voll und ganz jener Liebende zu werden, als der er gedacht war.»

Vielleicht kann man es am aufrüttelndsten, schlagkräftigsten so sagen: «Die einzige Unkeuschheit ist der Mangel an Liebe.» Ich möchte Sie heute abend in einer Meditation hinbegleiten zu der Art von Liebe, die, wenn auch nicht immer, gemeinhin der intensivste Ausdruck der Liebe zwischen Menschen verschiedenen Geschlechts ist. Vergegenwärtigen wir uns, was damit gemeint ist. Rabbi Yitzchak aus Akko, gesegnet sei sein Andenken, fordert uns ebenfalls heraus, wenn er sagt: «Wer nie ein Weib geliebt hat, gleicht einem Dummkopf oder Narren, denn aller Dienst an Gott beginnt mit der Einsicht und Vergeistigung erhabener Empfindungen.»

Ja, der Liebende befindet sich in Ekstase, das ist griechisch und heißt, daß er oder sie außerhalb ihrer selbst stehen, «außer sich sind», wie man sagt. Und so ist auch der Enthusiasmus der Liebenden auf der Höhe der Leidenschaft. Enthusiasmus, das heißt, daß sie einen Theos, einen Gott, in sich haben, «von einem Gott besessen» sind, wie die Griechen sagten.

Lassen Sie uns einmal nachdenken, was da alles möglich ist: Seligkeit kann uns überall, zu jeder Zeit überkommen. Sie kann die alltäglichen Instrumente auf dem Laboratoriumstisch mit Glanz übergießen. Sie kann uns widerfahren, wenn der geliebte Mensch uns nach einer langen Reise vom Zug oder Flugplatz abholt. Sie kann uns das Gefühl vom Paradies auf Erden geben, wenn zwei Menschen eine Melone in einem Bergbach kühlen. Und ist es nicht unglaublich, daß der plötzliche Einfall, zusammen irgendwo eine Tasse Kaffee zu trinken, alle Trompeten höchsten Glücks ertönen lassen kann? Glücklich jene Liebenden, welche die Gabe haben, fast wie Kinder miteinander zu spielen, ihre Rollen als Eltern oder Erwachsene zu vergessen, wie man es in der modernen Psychologie zu tun weiß. Vielleicht ist dies eine der vielen Bedeutungen des Bibelwortes, daß nur ins Himmelreich eingehen könne, wer wieder werde wie die Kinder. Oder denken wir an die Verfolgung. Ich kannte einen, der einen immer wiederkehrenden Wachtraum hatte, in dem er die Geliebte über die Inseln des Hongkong-Archipels und seiner Straßen verfolgte und immer fast, aber nie ganz einholte. Und wie bei allem, wovon ich heute rede, steht auch hier die Liebe Gottes dahinter, ja ist manchmal nicht davon zu trennen. So auch bei dem Gedicht von Francis Thompson *Der Himmelsverfolger*. Ich zitiere gerne die wunderbaren Verse des Sufi Abu-'l-Fazl al-Allami am Hofe von Akbar in Delhi, der im späten sechzehnten Jahrhundert lebte:

Manchmal geh ich ins Kloster und manchmal in die Moschee,
aber Du bist es, den ich suche von Tempel zu Tempel,
Deine Auserwählten kennen nicht Häresie noch Orthodoxie,
die einen wie die anderen stehen unterm Schild Deines Glaubens,
Theorie dem Häretiker, Theologie dem Orthodoxen,
aber der Staub des Rosenblattes gehört dem Herzen des
Parfümverkäufers.

Das ist die Suche des Mystikers, ungehindert von Mauern oder Schranken. Es irrt jedoch, wer glaubt, daß die Seligkeit menschlicher Vereinigung unerlaubt sei. Das Leiden scheint mit der Liebe untrennbar verbunden, und manchmal wird sie einfach zur Qual. Denken wir zum Beispiel an den

Trennungsschmerz, wenn Tausende von Meilen zwischen dem Liebenden und der Geliebten liegen. Ich weiß noch, wie tief mich ein Abschnitt aus dem *Lü-Shih Ch'un-Ch'iu* ergriffen hat, das um 240 v. Chr. geschrieben worden ist. Der Autor erläutert darin die Möglichkeit einer direkten Beziehung über weite Entfernungen hinweg. Beispiel: ein Mädchen, das im Lande Chhi im Osten lebt, während sich ihr Liebhaber im Lande Chhin im Westen befindet, würde, wenn ihm etwas zustoße, dies gewiß spüren.

Oder denken wir an das Geheimnis des Dahinschwindens, an die Qual der Vergänglichkeit. Nichts bleibt genauso, wie es ist. Menschen altern und ändern sich, die körperliche Leidenschaft dauert nicht ewig. Wie schrecklich ist doch diese Vergänglichkeit! Liebende, die buddhistische Tempel oder buddhistische Museen besuchen, werden erkennen, wie sehr es schmerzt, daß nichts von Dauer ist – «tout passe, tout casse, tout lasse». Natürlich war es diese Vergänglichkeit, auf der der Herr Buddha, wie er in Ceylon genannt wird, seine ganze Philosophie begründet hat; sie erklärt auch das Dahinschwinden der Begierden. Das Christentum scheint mir eher zu fordern, daß die Menschen ein Verlangen nach Liebe und Leben empfinden und dies auch in reichem Maße geben und nehmen.

Gewiß: wenn leidenschaftliche Liebe auf Gegenseitigkeit beruht und für einige Zeit befriedigt und erfüllt werden kann, scheint das Tor des Paradieses offenzustehen und das Reich Gottes auf Erden zu herrschen. Leider aber gibt es viele verhängnisvolle Liebesbeziehungen. So erlebt man zum Beispiel oft die Romeo-und-Julia-Situation wie in der *West Side Story*, wenn alle Zuschauer fluchen und schreien: «Zum Teufel mit euren Familien.» Oder es ist so, daß, wie in dem berühmten Film *Begegnung (Brief Encounter)*, die Lebensumstände, der Beruf, die Karriere, die gesellschaftlichen Gegebenheiten, die Dinge, die für zwei Menschen am wichtigsten sind, nicht zusammenpassen. In solchen Fällen kann denen, die sich «gegen Gottes Willen auflehnen», wie unsere Vorväter es genannt hätten, ein schreckliches Schicksal bevorstehen.

Dies ist eine besondere Art von Qual, die Tatsache, daß das Leben, das die Liebenden zusammengebracht hat, sie unausweichlich trennt, da jeder von beiden seinen eigenen Weg gehen muß. Über eben diese unvermeidliche Trennung der Liebenden gibt es eine Fülle von Gedichten in der chinesischen Lyrik. Vielleicht hat Goethe es in *Urworte. Orphisch* am kürzesten gesagt:

Und keine Zeit und keine Macht zerstückelt
Geprägte Form, die lebend sich entwickelt.

162

Aber hier tritt nun die Gemeinschaft der Liebe auf den Plan und jene berühmten Worte: «Sintemal wir untereinander Glieder sind» und «Einer trage des anderen Last».[3] Verlassene Liebende merken, daß sie nicht allein auf der Welt sind und daß wirklicher Trost ausgehen kann von anderen Freunden, die sie mit Liebe pflegen, als wären sie bei irgendeinem unvermeidlichen Unfall verletzt worden. Das ist es, was Rupert Brooke so ergreifend zum Ausdruck gebracht hat mit den Versen:

Und vielleicht find ich ein Mädchen,
ein besseres als du,
mit Blicken klug doch zärtlich,
mit Worten süß doch wahr,
und die wird mir genügen!

Aber Hilfe kommt auch von dem revolutionären Heer derer, die, von Mitgefühl geleitet, für ein besseres Leben ihrer Brüder und Schwestern kämpfen, jener unsichtbaren Kirche derer, die an tätige Liebe glauben. Darüber gibt es einen denkwürdigen Abschnitt in Day Lewis' *Noah und die Wasser*.

. . . Er nimmt Abschied
von vielem, doch nicht von der Liebe. Denn nun ist die Liebe
die Umarmung der Wasser um seinen vertrauenden Kiel;
sie sind seine schwimmende Heimstatt und heben sein Herz
in die Lüfte,
in ihren strömenden Massen ist er nimmer einsam,
ihm ist die Liebe nicht länger ein Seufzer des Gartens
und stört nicht die stillen Blütenblätter der Sinne,
ist ein Wind, der weht, wo er will.

Das heißt, kein Mensch kann genug Liebe, Umarmungen und auch körperliche Vereinigungen bekommen und geben. Am Ende von Graham Greenes *Honorarkonsul* sagt Charlie: «Es gibt nichts Schlechtes in der Liebe, Clara, sie widerfährt einem eben. Am Ende ist es nicht einmal wichtig, mit wem man es gemacht hat.»

Bis jetzt haben wir alles ziemlich subjektiv betrachtet; wollen wir es nun doch einmal objektiv ansehen. Die moderne Psychologie und Physiologie haben uns eine Reihe von Dingen gelehrt, die Augustinus von Hippo und Thomas von Aquin nicht wußten. Heute haben wir erkannt, daß es im menschlichen Organismus ein Kraftwerk der Gefühle gibt, das Es, das zwei

Arten psychischer Energie produziert, nämlich Libido und Mortido. Die erstere führt hin zu Liebe, Zärtlichkeit, sexueller Aktivität und Kooperation; die letztere führt hin zu Haß, Aggression und Vereinzelung. Jede freundschaftliche Zuneigung steht und fällt damit: «Siehe, wie fein und lieblich ist's, daß Brüder einträchtig beieinander wohnen.»[4] Man wäre versucht, diese beiden Arten von Energie als positiv und negativ zu bezeichnen wie Yang und Yin, läge nicht in der traditionellen chinesischen Philosophie die Vollkommenheit im optimalen Gleichgewicht dieser beiden Energien – und im vorliegenden Fall trifft das erst recht zu. Denn Libido wie Mortido können sowohl nach außen wie nach innen wirken. Ist die Libido nach innen gerichtet, wird man narzißtisch und hypochondrisch. Ist die Mortido nach innen gerichtet, wird man asketisch und masochistisch – im Gegensatz zum extrovertierten Sadismus. Das Ich ist sozusagen das ordnende Element im menschlichen Geist, das zu kontrollieren versucht und manchmal auch versagt. Die Ideale hingegen, die es «im Kopf» hat (und die sehr wohl falsche Ideale sein können), resümieren im Begriff des Über-Ich. Die Funktion unserer Religion – vielleicht die aller hochentwickelten Religionen – ist es deshalb, die extrovertierte Libido und die introvertierte Mortido, wenn auch vorbehaltlich rationaler Kontrolle, zu bestärken gegen unmäßige Leiden und übertriebenes Gekranktsein. Es liegt auf der Hand, wie diese beiden Antriebskräfte im Laufe der Evolution entstanden sind. Denn die Libido war offensichtlich mit der Fortpflanzung der Art verbunden, während die Mortido auf die Erhaltung des individuellen Lebens ausgerichtet war. Wenn Jesus wirklich ein Mensch war, dann besaß auch er alle diese Antriebskräfte.

Wenn wir in solchen Begriffen denken, verstehen wir die Manifestationen emotionalen Lebens viel besser. Vom Ich und Über-Ich unkontrolliert, geht die Libido auf andere Menschen zu, herrlich und «schrecklich wie Heerscharen»,[5] aber der einzelne muß etwas lernen, das viel mühsamer ist als belohnte Liebe, nämlich zu lieben ohne Hoffnung oder Erwartung von Gegenliebe. In diese Lage kommt jeder Mensch einmal, und sicher war auch Jesu Liebe zu Männern und Frauen von solcher Art. So könnte man auch die Liebe Gottes erreichen. Rabbi Yitzchak, gesegnet sei sein Andenken, den ich schon einmal zitiert habe, erzählt in seinem *Reschit Hochmah* von einem armen Mann, der sich in eine Prinzessin verliebte, als er sie in einem Fluß baden sah. Als er ihr seine Liebe erklärte, wurde sie ob deren Ausmaß tief ergriffen, aber sie antwortete ihm, erst auf dem Friedhof könne sie ihm begegnen und angehören. Sie meinte damit, daß dies der einzige Ort sei, wo reich und arm, Edelfrau und Bettler gleich seien. Aber er betrachtete das als Verabredung und ging zum Friedhof und wartete auf sie. Tag für Tag malte er sich die Gestalt der Geliebten mit wachsender Leidenschaft aus, und das führte dazu, daß er in allen Gestalten das Göttliche sah, das ihnen Schönheit und Anmut verleiht, und so erlangte er, wie man in China sagen würde, nach und nach das Tao. Dies war freilich eine Geschichte aus der platonischen Tradition, aber es gibt auch andere, aus der tantrischen Tradition, in der Männer und Frauen durch ihre Liebe zu anderen Menschen zu einer mystischen Vereinigung mit dem Universum, mit Gott gelangen. Im tantrischen Buddhismus ist Schakti, die weibliche Gegenspielerin, die Quelle aller Weisheit und göttlicher Energie. Es ist faszinierend, daß die Heilige Weisheit, die Hagia Sophia, in unserer eigenen Tradition als Frau, als Schakti, fast als Göttin und nicht als Mann dargestellt wird.

> *Sende sie herab von deinem heiligen Himmel*
> *und aus dem Thron deiner Herrlichkeit . . .*
> *Denn sie weiß alles und verstehet's . . .*
> *Und soll mich behüten durch ihre Herrlichkeit . . .*[6]

Ich habe vorher vom Leid der Trennung gesprochen, aber es gibt auch die Qual des Abgewiesenwerdens. Denn wie soll man jemand lieben, wenn der Geliebte einen abweist? Wenn jemand vielleicht zeitweise einen anderen bevorzugt? Kann man weiterlieben, wenn der andere in tiefe Depression verfallen ist, wenn die Außen- oder Innenwelt ihn daran hindert, die Liebe weiter zu erwidern? Jede Liebe, die das nicht kann, ist unvollkommen, und darum liegt so viel Böses in Besitzanspruch und Eifersucht. Manche Liebende ersticken diejenigen, die sie lieben, und mißgönnen ihnen sogar andere Beziehungen. Menschen aber sind keine Sachen. Wie es in den Sprüchen des Konfuzius heißt: «Der Schüler ist kein Instrument.» Wir sollten endlich begreifen, daß Besitzanspruch und Eifersucht fast immer zerstörerisch sind. Aus taoistischer Sicht stoßen sie ab anstatt anzuziehen, denn nur in einer Atmosphäre der Freiheit kann wahre Liebe gedeihen. Ich bin seit langem der Meinung, daß wir in unserem Denken die Begriffe «fleischliche Liebe» und «seelische Liebe» durch «erhabene Liebe» ersetzen sollten.

Sicher ist es diese Liebe, die «erhabene Liebe», die wir im Leben unseres höchsten geistlichen Herrn Jesus Christus, des Gesalbten des Evangeliums, finden. Da singen die Leute immer Choräle über die Liebe (wie «Ich bete an die Macht der Liebe»), aber sie nehmen sich nicht die Zeit, darüber nachzudenken, was das bedeutet. Worum es mir heute abend geht: Ich möchte all das im Lichte der Liebe Jesu zu allen Menschen, jungen und alten, Männern und Frauen sehen. Wenn ich so durch die Straßen von Cambridge gehe, bedrückt es mich oft, daß ich die Menschheit als Ganzes so wenig liebenswert finde. Vielleicht liegt der Fehler darin, daß es so etwas wie «Menschheit als Ganzes» nicht gibt, genauso wie nie etwas «nichts anderes als» ist. Ich sollte jede Person, an der ich vorbeigehe, als Mensch sehen, als Bruder oder Schwester, als Freund oder Liebhaber, der zu bewundernswürdiger Selbstlosigkeit, zu erstaunlichen Einsichten und Taten fähig ist. Wie wahrhaft göttlich wäre es, wenn diese große Liebeskraft, von der ich hier gesprochen habe, ausnahmslos allen Männern und Frauen entgegengebracht werden könnte. Wenn wir all das auch nur andeutungsweise verstehen wollen, müssen wir uns die Erfahrungen unseres eigenen Lebens vor Augen führen, und ich möchte, daß auch Sie sich dessen bewußt sind, auch wenn manche von Ihnen noch viele Jahre vor sich haben, die (so hoffe und bete ich) von Glück und Lust erfüllt sein werden.

Endlich aber wollen wir doch die Liebe zu Gott selbst nicht vergessen. Wir haben uns so an den Satz gewöhnt: «Also hat Gott die Welt geliebt, daß er seinen eingeborenen Sohn gab.»[7] Aber ich finde, wir sollten die Dinge nicht nur im Lichte der Fleischwerdung Gottes betrachten. Von dieser Vorstellung werden Christen nie ablassen, daran werden sie sich immer wieder erfreuen – wir können das aber auch noch umfassender sehen. Denken wir an den gesamten Verlauf der Evolution, die zur Menschheit hingeführt hat. Es gibt zweifellos Menschen, aus deren Sicht Zufall und Notwendigkeit in einem vollkommen sinnlosen Universum gewirkt haben. Mir ist es unmöglich, so zu denken. Für mich war es Gott, der uns im Laufe von vielen Jahrhunderten oder Jahrtausenden seit Bestehen unseres Sonnensystems aus dem Staub der Sterne und Sonnen in diesem unglaublichen Universum erwachsen ließ. Höchstwahrscheinlich sind wir auch nicht die einzigen, denn es scheint heute nicht nur wahrscheinlich, sondern fast sicher, daß es auf anderen Planeten in anderen Sonnensystemen in anderen Galaxien viele Millionen uns ähnlicher Wesen gibt, von denen wir heute noch fast nichts wissen. Francis Thompson hat schon im viktorianischen Zeitalter ein bemerkenswertes Gedicht über dieses Thema geschrieben, und später hat C. S. Lewis einen hervorragenden Science-Fiction-Roman, *Perelandra oder Der Sündenfall findet nicht statt*, über ein ähnliches Thema verfaßt, obwohl er im Theologischen bei weitem traditioneller dachte als ich. Ich habe zu Anfang gesagt, daß die Theologie heute sich mit der modernen Physiologie und Psychologie einigen muß, und dasselbe gilt für die Astronomie und Kosmologie. Es war immer richtig, *hagios, ischyros, athanatos* (heilig, stark und unsterblich) in der Liturgie zu sagen, erst recht, wenn man bedenkt, was wir heute wissen von Novae und Supernovae, von Galaxien, die Millionen Lichtjahre entfernt sind. Wie richtig das war, hätte sich keiner der Alten in seinen kühnsten Träumen vorstellen können.

Und was ist nun mit der «kosmischen Libido»? Ich habe vorhin gesagt, daß die Libido zur Kooperationsbereitschaft führt, so daß, wenn das ordnende Prinzip der Schlüssel zur Evolution auf unserer Erde und im Sonnensystem war, die Libido seit Äonen über die Mortido den Sieg davongetragen haben muß: Ahura-Masda, der immerwährend über Ahriman triumphiert. Damit kommen wir zu einem anderen Lieblingsthema der alten Dichter, das vielleicht am treffendsten von Dante ausgedrückt wurde, der sagte: «L'amor che muove il sole e l'altre stelle» (Die Liebe, die die Sonne und alle anderen Sterne bewegt). Wahrhaftig, wir können die Liebe Gottes in dem ewigen Triumph des Prinzips von Aggregation und Organisation erkennen. Betrachten wir nur irgendeine Lebensform – einen Wurm, eine Qualle, die Larvenform des Seeigels – das Wunder ist, *daß das zusammenhält*! Ich erinnere mich, wie erstaunt ich vor vielen Jahren war, daß der große Lukrez seiner unsterblichen Dichtung *De rerum natura* eine Anrufung der Aphrodite voranstellte, der Göttin der Vereinigung, der Bindung, der Solidarität, der Fortpflanzung und der wechselseitigen Liebe – also der Libido, wenn er auch das Wort nicht benutzt hat. Dies sei der Ursprung des Universums – *quae quoniam rerum natura sola gubernas*. Dies sind die Siege, die ich heute abend feiern wollte: die überwältigende Liebe Jesu zu allen Menschen, die Liebe Gottes zu uns, der uns im Schmelzofen der Sonne und der Sterne geformt hat, auf daß wir ihn lieben und ihm dienen, indem wir einander lieben. Lassen Sie mich enden mit dem Kirchengebet für den Sonntag Quinquagesima, das Sie in unserem Gebetbuch der anglikanischen Kirche finden.

*O Herr, der du uns gelehrt hast, daß alles, was wir ohne
Liebe tun, nichts wert ist, sende deinen Heiligen Geist
aus und ergieße in unsere Herzen die Gnade der Liebe,
des Friedens und aller Tugenden, ohne die wir alle nicht
lebendig sind vor deinem Angesicht. Verleihe uns dies
um deines einzigen Sohnes Jesus Christus willen. Amen.*

5. Juni 1976   JOSEPH NEEDHAM

Anmerkungen

Vorwort

1 Mit Ausnahme der vor dem zehnten Jahrhundert unbekannten und heute ganz der Vergangenheit angehörenden fetischistischen Sitte des Füßebindens.
2 Der 1900 geborene Biochemiker, Wissenschaftshistoriker und Orientalist Joseph Needham war von 1942 bis 1946 Chef des chinesisch-britischen Büros für wissenschaftliche Zusammenarbeit und Berater an der Britischen Botschaft in Chungking. Als UNESCO-Berater und Gastprofessor entfaltete er nach dem Zweiten Weltkrieg eine umfangreiche Lehr- und Forschungstätigkeit in Europa, Amerika, Japan und vor allem in China. Needham ist Ausländisches Mitglied der Academia Sinica und Träger des chinesischen «Brilliant Star»-Ordens. Er lehrt an der Universität Cambridge in England. – Sein Hauptwerk ist die monumentale, auf 7 Bände in 11 Teilen angelegte Studie *Science and Civilisation in China*.

Einführung

1 Zitiert in Karl Menninger: *Selbstzerstörung*

Das Tao der Liebe

1 *Taoteking*, 59. Kapitel, zitiert nach der 1957 im Eugen Diederichs Verlag, Düsseldorf, erschienenen Übersetzung von Richard Wilhelm
2 Mit dem Einfachen Mädchen ist Su-nü gemeint, die im folgenden immer wieder zitiert wird.
3 Phyllis und Eberhard Kronhausen, *Erotic Art*
4 *Die Gebetsmatte des Fleisches*
5 Phyllis und Eberhard Kronhausen, *Erotic Art*
6 R. H. van Gulik, *Sexual Life in Ancient China*, S. 51
7 R. H. van Gulik, a. a. O., S. 47
8 R. H. van Gulik, a. a. O., S. 156
9 Die Geschichtlichkeit Huang-tis ist ungewiß. Die traditionelle Datierung seiner Lebenszeit auf das dritte Jahrtausend v. Chr. wird heute nicht mehr anerkannt. Die hier zitierten Texte stammen vermutlich aus der Han-Zeit (206 v. Chr. bis 219 n. Chr.).
10 *Taoteking*, Kapitel 64
11 *Taoteking*, Kapitel 9
12 C. G. Jung, *Gesammelte Werke*, Band 7
13 Masters und Johnson, *Die sexuelle Reaktion*, S. 169
14 Masters und Johnson, *Impotenz und Anorgasmie*, 12. Kapitel
15 *Tung-hsüan-tzu*, 12. Kapitel
16 Siehe Zusammenfassung, Seite 153
17 «Verschwenden» heißt hier: unbedacht über seine Verhältnisse leben.

18 In Anaïs Nins *Tagebuch*, Bd. 2, und in Bettie Wysons *Der lesbische Mythos* lassen sich Beweise für eine solche Behauptung finden. Im *Tagebuch* der Anaïs Nin gibt es eine Lesbierin, die eindeutig erklärt, es erscheine ihr erstrebenswerter, von einem Mann geliebt und berührt zu werden, danach erst komme die Hinwendung zu einer Frau.

19 Auf deutsch erschienen unter dem Titel *Fitness für Faule*, Rowohlt Verlag, Reinbek bei Hamburg, 1976

Steuerung der Ejakulation

1 Phyllis und Eberhard Kronhausen, *Erotic Art*

2 Seite 93–101 der deutschen Übersetzung

3 Obwohl viele Sexualforscher heute noch immer der Ansicht sind, daß der männliche Samen sich «unbeschränkt» neu bildet, sollte man dies mit dem gesunden Menschenverstand interpretieren. Wenn man ein einfaches Beispiel heranziehen will, so kann man die Ejakulation mit der Blutspende vergleichen (physiologisch sind sich beide recht ähnlich). Um Spender zu ermutigen, ihr kostbares Blut abzugeben, behaupten die Mediziner gewöhnlich, das Blut bilde sich bei einem gesunden Menschen schnell wieder nach. In der Praxis ermutigen sie die Spender jedoch nicht, mehr als einmal alle paar Monate, wenn der Spender nicht besonders kräftig oder jung ist, sogar noch seltener, Blut zu spenden. Trotz dieser Vorsichtsmaßnahmen leiden viele Häufig-Blutspender an Müdigkeit oder haben sogar Ohnmachtsanfälle. Vielen Männern, auch dem Autor, geht es ähnlich, wenn sie zu häufig ejakulieren. Aber wenn ein Mann es gelernt hat, seine Ejakulation zu steuern, kann er den Koitus vom Erguß trennen. Dies ermöglicht es ihm zu lieben, wann immer er Lust dazu hat.

4 Kinsey, Pomeroy und Martin, *Das sexuelle Verhalten des Mannes*

5 Masters und Johnson, *Impotenz und Anorgasmie*

Eintausend liebende Stöße

1 Man kann das leicht in einer halben Stunde oder 1800 Sekunden schaffen, und das ist wirklich ein langsamer Rhythmus.

2 Zitiert nach der 1965 im Verlag Die Waage, Hamburg, erschienenen Übersetzung von Franz Kuhn

3 Sun Szu-mo erfand die Pockenimpfung und zeigte bemerkenswerte Kenntnisse, indem er die Tuberkulose winzigen Lebewesen zuschrieb, die die Lungen auffressen. Auch unterschied er fünf verschiedene Arten von Tumoren und entwickelte Behandlungsmethoden für jeden Typ. Dem Neunundsiebzigjährigen verlieh der T'ang-Kaiser den Titel *Chenjen* («Verwirklichter Mensch», «Echter Mensch»). Nach seinem langen Leben wurde er vom Volk I-wang («König der Medizin») genannt.

4 Dies kommt Marie Stopes' Karezza sehr nahe.

Die Liebesstellungen

1 Wir geben die nachfolgenden malerischen Bezeichnungen nur im historischen Interesse wieder und weil sie so viel Poesie besitzen. Dem Leser sei geraten, nicht allzu lange damit zu spielen, sich die einzelnen Positionen wirklich vorstellen zu können.

2 Es ist wichtig, daß der Leser dies nicht mit Analverkehr verwechselt. Ihn empfiehlt das Tao der Liebe aus verschiedenen Gründen der Hygiene nicht.

Erotisches Küssen und das Tao

1 *Sexualpsychologische Studien,* Bd. I, Teil 3

Entwicklung und Verfälschung des Taos der Liebe

1 Phyllis und Eberhard Kronhausen, *Erotic Art,* S. 243
2 Zwischen dem dreizehnten und vierzehnten Jahrhundert herrschten die Mongolen acht-undachtzig Jahre lang über China und verboten alle Bücher über das Tao außer dem *Tao-teking.* Dies ist einer der Gründe, warum uns so wenige Bücher über das Tao der Liebe erhalten geblieben sind.
3 Hsi-wang-mu, eigentlich eine Göttin, die während der Han-Zeit angebetet wurde
4 Siehe Havelock Ellis, *Sexualpsychologische Studien,* Bd. II, Teil 3. In einem Kapitel mit dem Titel «Kunst der Liebe» heißt es über das Tao der Liebe, das Ellis als Coitus reserva-tus bezeichnet: «Weit entfernt davon, der Frau abträglich oder gar gefährlich zu sein, ist dies wahrscheinlich diejenige Koitusmethode, welche ihr die denkbar größte Befriedi-gung und Entspannung bietet . . . Sie ist genau die richtige Methode für einen vollkom-men gelungenen Koitus, das weiß man allgemein im Orient und verhält sich dementspre-chend im Sinne ständiger Vervollkommnung dieser Kunst.»

Die Überwindung der Impotenz

1 Siehe «Methode des weichen Eindringens» auf den Seiten 104–106
2 *Impotenz und Anorgasmie,* 1. Kapitel

Langlebigkeit und das Tao der Liebe

1 Über Sun Szu-mo siehe auch «Zusammenfassung»
2 Diese Zeit ist auch als die Chia-ch'ing-Zeit bekannt. Wohl hauptsächlich wegen seiner antibuddhistischen Politik hat Shih-tsung keinen guten Ruf. Mir persönlich gefällt je-doch, wie sich die Kunst unter seiner Regierung entwickelte. Besonders schön sind die mehrfarbigen, verzierten Keramiken. Seine Regierungszeit war die zweitlängste der Dy-nastie, nur der Kaiser Wan-li herrschte zwei Jahre länger.
3 Das damals gegen Frauen herrschende Vorurteil ließ ihn die Zahl seiner Töchter über-gehen.

Atmung, T'ai-chi ch'üan und das Tao der Liebe

1 Dies wurde am 6. September 1975 von der *Science News* (Washington D.C.) in einem Leitartikel unter der Überschrift «Funktion der Lungen erweitert: Luftsäcke bis endo-krine Drüsen» berichtet.
2 Aldous Huxley, *The Art of Seeing*
3 Zitiert von Michel Cattier in *The Life and Work of Wilhelm Reich*
4 Auf deutsch erschienen unter dem Titel *Fitness für Faule,* Rowohlt Verlag, Reinbek bei Hamburg, 1976

Wie man das Tao erlernt

1 *Das sexuelle Verhalten des Mannes*

2 Anaïs Nin, *Tagebücher,* Band IV

3 Sun lebte von 581–682 n. Chr. Sein Buch wurde wahrscheinlich Mitte des siebten Jahrhunderts veröffentlicht. Es wird seit über eintausenddreihundert Jahren viel gelesen, und doch ist nichts davon bekannt, daß seine Theorien des Taos der Liebe jemals diskutiert oder gar kritisiert wurden. Dabei sind die Chinesen ganz und gar nicht so geartet, daß sie sich scheuen, Kritik zu üben, und sei es an den höchsten Autoritäten. Um dies zu beweisen, können wir ein kleines, aber interessantes Beispiel anführen. Li Shih-chen, ein großer Arzneikundler der Ming-Zeit (1368–1644 n. Chr.), hat Suns Einschätzung der Walnuß öffentlich in Frage gestellt. In seinem berühmten Buch *Pen-ts'ao kang-mu,* einem monumentalen Werk über chinesische Nahrungsmittel und Drogen, erwähnt Li, daß Sun sich irrte, als er behauptete, die Walnuß sei ihrem Wesen nach «kalt» und es führe daher zu einem übermäßigen Speichelfluß, wenn man zuviel davon esse etc. Li erklärte, die Zeit habe bewiesen, daß Sun sich in diesem Punkt geirrt habe.

Nachwort

1 Matthäus 22, 37 ff, Markus 12, 29 ff

2 5. Buch Mose 6, 5 und 3. Buch Mose 19, 18

3 Epheser 4, 25 beziehungsweise Galater 6, 2

4 Psalm 133

5 Hoheslied Salomos 6, 4

6 Buch der Weisheit, 9

7 Johannes 3, 16

Bibliographie I
Chinesische Texte

Su-nü-ching

Su-nü-fang

Yü-fang pi-chüeh

Tung-hsüan-tzu von Li Tung-hsüan (Sui- oder T'ang-Zeit).

T'ien-i yin-yang chiao-hun ta-lo-fu von Pai Hseng-cheng (T'ang-Zeit). Diese fünf Bücher erschienen im Jahre 1914, herausgegeben von Yeh Te-hui, einem hervorragenden Gelehrten aus Hunan. Die Verfasser der ersten drei sind nicht bekannt, man weiß jedoch, daß diese Werke vor der T'ang-Zeit entstanden sind, wahrscheinlich in der Han-Zeit.

Kostbare Rezepte von Sun Szu-mo (T'ang-Zeit) – 1955 Nachdruck der Ausgabe aus der Nördlichen Sung-Dynastie

Chi-chi chen-ching von Lu Tung Pin (T'ang-Zeit)

Hsiu-chen yen-i von Wu Hsien (Han-Zeit)

Su-nü miao-lun. Verfasser anonym

Diese vier Bücher wurden von R. van Gulik nachgedruckt. Es gibt davon nur fünfzig Exemplare, die in großen Bibliotheken in aller Welt stehen.

Pen-ts'ao kang-mu von Li Shih-chen. Siehe auch: *Der Arzneipflanzen- und Drogenschatz Chinas und die Bedeutung des «Pen Ts'ao Kang-Mu» als Standardwerk der chinesischen Materia Medica,* A. Mosig und G. Schramm, Berlin 1955

Ishimpo (I-hsin-fang), im Jahre 984 n. Chr. herausgegeben von Tamba Yasuyori, einem berühmten japanischen Arzt chinesischer Abstammung. Das Werk besteht aus Auszügen aus mehreren hundert chinesischen Büchern aus der T'ang-Zeit und früheren Epochen. Ich habe die chinesische Ausgabe aus dem Jahre 1955 benutzt.

Han Wei Ts'ung-shu, 96 Werke verschiedener Autoren, darunter der berühmte Dichter T'ao Ch'ien und der Taoist Ko Hung aus der Chin-Zeit (265–420 n. Chr.)

Shih-chi (Aufzeichnungen der Historiker) von Szu-ma Ch'ien (Han-Zeit)

Ch'ien Han-shu von Pau Ku (Han-Zeit)

Hou Han-shu von Fan Yeh (Lui Sung-Zeit, 450 n. Chr.)

Tao-te-ching von Li Erh (Chou-Zeit), deutsche Ausgabe: *Taoteking* von Laotse, Übertragung von Richard Wilhelm, Jena 1921, ern. Düsseldorf 1950

Jou Pu Tuan von Li Yü (Ming-Zeit), deutsche Ausgabe: Übertragung von Franz Kuhn, Zürich 1959 und Heidelberg 1965

Hsi-hsiang-chi von Wang Shih-Fu (Yuan-Zeit), deutsche Ausgabe: *Das Westzimmer,* Übertragung von V. Hundhausen, Peking/Leipzig 1926

Chuang-Tzu von Chung Chou (Chou-Zeit)

Bibliographie II
Englische und deutsche Texte/Übersetzungen

Appleton, J. L. T., *Bacterial Infection* (Philadelphia, 1950), 4. Auflage

de Beauvoir, Simone, *Das Alter* (Rowohlt Verlag, Reinbek, 1972)
  Das andere Geschlecht (Rowohlt Verlag, Reinbek, 1968)

Bell, Davidson und Scarborough, *Textbook of Physiology and Biochemistry* (E. & S. Livingstone, Edinburgh und London, 1965), 6. Auflage

Beurdeley, Michel, *The Clouds and the Rain; The Art of Love in China* (H. Hammond, London, 1969). In den USA unter dem Titel *Chinese Erotic Art* erschienen (C. E. Tuttle, Rutland, Vermont, 1969)

Brodie, Fawn M., *The Devil Drive: A Life of Sir Richard Burton* (W. W. Norton Co., New York, 1967)

Caprio, Frank S., *Variations in Sexual Behaviour* (Citadel Press, New Jersey, 1967; Calder Books, London, 1970)

Carpenter, Edward, *Love's Coming-of-Age* (Allen & Unwin, London, 1906; Folcroft, New York, 1912)

Cattier, Michel, *The Life and Work of Wilhelm Reich*, ins Amerikanische übertragen von Ghislain Boulanger (Horizon Press, New York, 1972; Avon Books, New York, 1973)

de Chardin, Pierre Teilhard, *Die Zukunft des Menschen* (Walter Verlag, Olten/Freiburg, 1963)

Chartham, Robert, *Advice to Men* (Tandem Books, London, 1971; New American Library, New York, 1971)

Chen Ken-Ch'ing und Robert W. Smith, *T'ai Chi* (Tuttle, Tokio, 1967)

Chessner, Eustace, *The Human Aspects of Sexual Deviation* (Jarrolds Publishers, London, 1971)

Danielsson, Bengt, *Love in the South Sea* (Reynal, New York, 1956)

Darling, Lois und Louis, *The Science of Life* (World Publishing Co., Cleveland und New York, 1961)

Diczfalusy, Egon, und Ulf Borrell (Hrsg.), *Control of Human Fertility* (Almquist & Wiksell, Stockholm, 1971)

Dunn, Nell, *Talking to Women* (Macgibbon & Kee, London, 1963)

Ellenberger, Henri, *Die Entdeckung des Unbewußten* (Hans Huber Verlag, Stuttgart, 1973)

Ellis, Havelock, *Sexualpsychologische Studien* (Leipzig, 1922–24)

Fisher, Seymour, *Der Orgasmus der Frau* (Wilhelm Goldmann Verlag, München, 1975)

Fromm, Erich, *Die Kunst des Liebens* (Ullstein Verlag, Berlin, 1960)

Greer, Germaine, *Der weibliche Eunuch* (S. Fischer Verlag, Frankfurt, 1971)

van Gulik, R. H., *Sexual Life in Ancient China* (E. J. Brill, Leiden, 1961; Humanities Press, Atlantic Highlands, N. J., revidierte Ausgabe, 1974)

Hodin, J. P., *Edvard Munch. Der Genius des Nordens* (Florian Kupferberg Verlag, Mainz, 1963)

Huxley, Aldous, *The Art of Seeing* (Penguin Books, Harmondsworth, 1963; Montana Books, Seattle, 1974)

Eiland (Piper Verlag, München, 2. Aufl. 1973)

Jong, Erica, *Angst vorm Fliegen* (S. Fischer Verlag, Frankfurt, 1976)

Josephson, Eric und Mary (Hrsg.), *Man Alone* (Dell Publishing Co., New York, 1968)

Kaplan, Helen Singer, *The New Sex Therapy* (Baillière Tindall, London, 1974)

Kinsey, Pomeroy und Martin, *Das sexuelle Verhalten des Mannes* (G. B. Fischer, Stuttgart, 1955)

 Das sexuelle Verhalten der Frau (G. B. Fischer Verlag, Frankfurt am Main, 1954)

Kronhausen, Phyllis und Eberhard, *Erotic Art* (Grove Press, New York, 1961; W. H. Allen, London, 1971)

Labhart, Alexis, *Klinik der inneren Sekretion* (Springer Verlag, New York, Heidelberg, Berlin, 1974)

Lin Yutang, *Glück des Verstehens. Weisheit und Lebenskunst der Chinesen* (Klett Verlag, Stuttgart, 2. Auflage 1966)

Lindsey, Judge Ben B., *The Companionate Marriage* (Boni & Liveright, New York, 1927)

Linnée, Birgitt, *Sex and Society in Sweden* (Jonathan Cape, London 1968; Harper & Row, New York, 1972)

Mailer, Norman, *Gefangen im Sexus* (Droemersche Verlagsanstalt, München, 1974)

Marples, Mary, «Life on Human Skin», *Scientific American,* Januar 1969

Masters, R. E. L., und Harry Benjamin, M. D., *The Prostitute in Society* (Mayflower-Dell, London, 1966)

Masters und Johnson, *Impotenz und Anorgasmie* (Goverts Krüger Stahlberg Verlag, Frankfurt am Main, 1973)

 Die sexuelle Reaktion (Akademische Verlagsgesellschaft, Frankfurt am Main, 1967)

Menninger, Karl, *Selbstzerstörung* (Suhrkamp Verlag, Frankfurt am Main, 1974)

Millett, Kate, *Sexus und Herrschaft* (Desch Verlag, München, 3. Auflage 1971)

Morehouse, Lawrence E., und Leonard Gross, *Fitness für Faule* (Rowohlt Verlag, Reinbek, 1976)

Myrdal, Jan, *Bekenntnisse eines unmutigen Europäers* (Insel Verlag, Frankfurt am Main, 1972)

Needham, Joseph, *Science and Civilization in China* (7 Bde.; Cambridge University Press, Cambridge, 1954–)

Nefzawi, Scheich, *The Perfumed Garden* (Luxor Press, London, 1963)

Peel, John, und Malcolm Potts, *Contraceptive Practice* (Cambridge University Press, Cambridge, 1969)

Rawson, Philip, *Tantra. Der indische Kult der Ekstase* (Droemersche Verlagsanstalt, München, 1974)

Reich, Wilhelm, *Die Funktion des Orgasmus* (Kiepenheuer & Witsch, Köln, 1969)

Reik, Theodor, *Das Verlangen, geliebt zu werden* (Kindler Verlag, München, 1974)

Robinson, Paul A., *The Freudian Left* (Harper & Row, New York, 1969)

Russell, Bertrand, *Autobiographie* (Suhrkamp Verlag, Frankfurt am Main, 1974)

 Marriage and Morals (Allen & Unwin, London, 1929; Liveright, New York, überarbeitete Ausgabe, 1970)

Rycroft, C., *Reich* (Fontana Modern Masters, London, 1971; Viking Press, New York, 1972)

Sand, Richard, *Things Your Mother Never Told You* (Avon Books, New York, 1972)

Schafer, Edward, *The Divine Woman* (University of California Press, Los Angeles, 1973)

Singer, Irving, *The Goals of Human Sexuality* (Wildwood House, London, 1973; W. W. Norton, New York, 1973)

Smith, Bradly, und Weng Wan-Go, *China, A History in Art* (Studio Vista, London, 1973)

Stopes, Marie, *Married Love* (Hogarth Press, London, 1952)
   Wise Parenthood, (Hogarth Press, London, 1952)

Pálos, Stephan, *Chinesische Heilkunst* (Goldmann Verlag, München, 1976)

Vatsyayana Mallanaga, *Kamasutra* (Heyne Verlag, München, 1967)

van de Velde, T. H., *Die vollkommene Ehe* (Goldmann Verlag, München, 1975)

Watts, Alan W., *Nature, Man and Woman* (Wildwood House, London, 1973)

Wilson, Collin, *The God of the Labyrinth* (Mayflower, London, 1971)
   Origin of the Sexual Impulse (Arthur Barker, London, 1963)

Verzeichnis der Illustrationen

Danksagungen

Autor und Verlag danken allen, die durch Gewährung von Reproduktionsrechten zur Illustrierung dieses Buches beigetragen haben.

Bilder aus der Sammlung C. T. Loo, aus der Sammlung Charles Ratton, aus der Sammlung Jean Pierre Dubosc und aus der Sammlung Louis Bataille wurden dem Band *The Clouds and the Rain* entnommen, dessen Originalverlag das Office du Livre in Fribourg ist. Illustrationsvorlagen aus dem Besitz des Britischen Museums in London wurden hier reproduziert mit der freundlichen Genehmigung der Trustees of the British Museum.

Unser Dank gilt auch Professor Joseph Needham für die Erlaubnis, chinesische Bildwerke aus seinem Besitz zu reproduzieren, und ferner der Zeitschrift *Theology* für die Abdrucksrechte der Ansprache von Prof. Needham in der Caius Chapel am Pfingstsonntag 1976.

Der Rowohlt Verlag dankt dem Münchner Sinologen Prof. Dr. Manfred Porkert für fachliche Beratung.

Register

Jolan Chang
DAS TAO FÜR LIEBENDE PAARE
Leben und Lieben im Einklang mit der Natur
rororo sachbuch ‹zu zweit› 8819

«Das Tao für liebende Paare» ist ein Werk der Lebensfreude und Lebensbejahung, ein sehr persönliches und mutiges Buch, in dem der Autor viele Tabus unserer Gesellschaft sanft, aber entschieden durchbricht.

Lonnie Barbach
MEHR LUST
Gemeinsame Freude an der Liebe
rororo sachbuch ‹zu zweit› 8721

Seit vielen Jahren arbeitet die Psychologin Lonnie Barbach in Therapien mit Frauen, die unter sexuellen Schwierigkeiten leiden. Mit mehr als fünfzig leicht nachvollziehbaren Übungen zeigt sie Wege auf, sich von beeinträchtigenden Rollenskripts zu lösen, um gemeinsam mit dem Partner die schönsten Möglichkeiten des Körpers zu entdecken und auszuschöpfen.

Ethel S. Person
LUST AUF LIEBE
Die Wiederentdeckung des romantischen Gefühls
Deutsch von Cornelia Holfelder-von der Tann
rororo sachbuch ‹zu zweit› 9304

Die Liebe: Folgen auf die Ekstase automatisch Leid, Abstumpfung und Frust? Die amerikanische Psychoanalytikerin Ethel S. Person setzt dieser verbreiteten Auffassung ein Plädoyer für die romantische Leidenschaft entgegen.

«Thema dieses Buches ist die leidenschaftliche romantische Liebe – ihr Ursprung in unserer Kindheit, ihr Bezug zu Phantasie und Kreativität, ihre Fähigkeit, den liebenden Menschen zu verwandeln und ihm die Überschreitung der Grenzen des eigenen Selbst zu ermöglichen.»
Ethel S. Person

Rowohlt